신경 쓰지 않는다

신경 쓰지 않는다

오제키 소엔 저

김지원 역

큰나무

머리말

있는 그대로의 나 자신으로 살아가는 삶의 방식
'신경 쓰지 않는다'

매일 몇백, 몇천 명의 사람이 우리 절에 찾아온다. 수학여행을 온 학생들, 상점회 사람들, 외국에서 온 관광객들, 홀로 여행 온 젊은 이들……. 이 고마운 분들 앞에서 나는 나의 생각과 믿음을 있는 힘껏 표현한다. 그러면 고맙게도 그것을 듣고 많은 분이 감동을 해준다. 그렇게 나에게 얼마간의 관심과 친근감을 갖게 된 분들이 후일 편지를 보내곤 하는데, 그 편지에는 누구에게도 털어놓지 못한 고민과 괴로움이 행간마다 절절히 묻어난다.

나는 편지를 읽으며 '이런 곳에 이런 인생도 있구나.' 하고 감상에 젖을 때가 있다. 그러나 혼자서 그런 감상에 빠져 있을 수는 없다. 그것은 귀중한 시간을 쪼개 편지를 쓴 분들에게 너무 죄송스런 일이기 때문이다. 가능하면 한 분, 한 분께 진심을 담은 답장을 하고 싶다. 하지만 나는 펜을 들 때마다 이내 무력감을 느끼고 만다.

또한 나에게는 시간이 없다. 그렇다 보니 경내의 잡초를 뽑고 있다가도 수북이 쌓인 소중한 편지 생각에 정신이 팔릴 때가 많다. 이래서는 안 되겠다는 생각에, 자필이 아니더라도 간단한 답장을 드려야겠다고 마음먹었다.

(전략) '오십 보 도망간 사람이 백 보 도망간 사람을 비웃을 수는 없다'는 말이 있습니다. 여러분께 받은 정성스런 편지와 소포에 이렇게 인

쇄된 종이 쪼가리로 답장을 하는 주제에 잘도 번지르르한 변명을 한다고 비웃지 말아주십시오. 지옥은 같은 지옥이어도, 조금이라도 더 나은 곳으로 떨어지고 싶은 저의 마음을 이해해주기 바랍니다. '지금 열심히 하지 않으면, 언제 열심히 할 것인가'라고 건방진 소리를 하고 다녔으면서 아니나 다를까 그쪽에서 손을 버리면 바로 항복해버리고 맙니다. 수행이 부족한 인간의 허세, 제가 바로 그 대표적인 사람입니다. (후략)

인쇄된 답장의 일부다. 물론 이것으로 모든 어깨의 짐을 내려놓았다고 생각하지는 않는다. 적절한 시기를 봐서 언젠가 정중한 답장을 드릴 작정이다.

그러던 차에 책을 써보라는 권유를 받았다. 나는 아직까지 답장을 드리지 못한 분들이 많기에, 조금이라도 더 많은 분들께 나의 마음을 전하고 싶어서 그리고 절반쯤은 사죄하는 마음으로 이 책을 썼다.

많은 분들이 보내주신 편지에는 저마다 남모르는 고통과 괴로움이 담겨 있다. 편지를 읽다 보면 마음이 뭉클할 때도 있지만 솔직히 그 사람의 심정을 정확히는 잘 모르겠다.

그런데 이러한 편지에는 공통점이 있다. 간절한 마음이다.

'고민을 해소하고 싶다. 괴로움을 극복하고 싶다. 괴로움에 동요하지 않는 마음을 갖고 싶다. 그러려면 어떻게 해야 하는 것일까.'

물론 그 마음은 충분히 이해한다. 이런 말을 하는 나 역시 마찬가지이기 때문이다. 하지만 그것은 '타력본원他力本願' 곧 다른 이에게 기대어 일을 성취하는 것이다. 거기에는 '자기 자신'이 없다.

괴로워하지 않기를, 두려워하지 않기를, 슬퍼하지 않기를, 노여워하지 않기를, 한탄하지 않기를…… 누구나 그것을 바랄 것이다. 사소한 것들에 휘둘리지 않고 '신경 쓰지 않는 마음'으로 살아가고 싶을 것이다. 우리는 정신없이 빠르게 변화해가는 정보화사회를 살아가고 있고, 고민이 늘어나면 그만큼 많은 결단을 요구받기에 '신경 쓰지 않는 마음'을 얻고자 함을 충분히 이해한다. 그러나 유감이지만 두려워하지 않고, 슬퍼하지 않고, 노여워하지 않는 것이 '신경 쓰지 않는 마음'이라고 생각하는 사람은 이 책을 덮어주기 바란다.

내가 말하는 '신경 쓰지 않는다'는 것은, 단지 외부의 자극을 신경 쓰지 않는 것이 아니라, 자기 자신의 상황을 똑똑히 파악하는 것이다. 그리고 자신에게서부터 뭔가를 발견하는 것이다. 특별한 수행 같은 것은 필요치 않다. 나는 있지도 않은 것을 요구하지 않는다.

이 책을 통해, 있지도 않은 것을 내쫓기 위한 삶의 방식을 보여주려고 한다.

  이 책을 내 마음이 담긴 답장이라고 생각해준다면 더없이 행복하겠다.

오제키 소엔

차례

1. 돈이 없음을 신경 쓰지 않는다

: 가난을 익히다

사람을 살게 하는 것은 활기다

지금 지갑에 얼마가 들어 있는가? 10만 원? 오, 상당한 부자다. 뭐 1,500원? 음, 그것도 좋다. 이 책을 덮고, 있는 돈 전부를, 아니 1,000원만 남겨놓고 다 쓰도록 하자. 조건은 오늘 중으로. 용도는 자유다. 아까운가?

자, 이제 다음 날. 당신의 주머니에는 1,000원밖에 남지 않았을 것이다. 당신은 돈을 어디에 썼을까? 어디에 썼든 간에 기분만은 상쾌할 것이다. 상쾌한 기분을 느끼는 사람은 '신경 쓰지 않는' 경지에 한발 다가선 것이다. '아아, 어리석은 짓을 했다'며 후회하는 사람은 나와 같이 '신경 쓰지 않는' 길을 걸어보자.

이어서 두 번째 수행이다. 주머니 속에 남아 있는 그 1,000원으로 하루를 보내는 것이다. 역시 용도는 자유다. 돈이 부족하다면 학교 친구나 회사 동료에게 빌려도 좋다. 전당포에 가도 좋다. 공중전화로 애인을 불러내 도움을 받아도 좋다. 돈을 쓰지 않고 아침부터 이불을 뒤집어쓰고 잠을 청해도 좋다.

인간은 2~3일 굶는다고 쉽게 죽지 않는다. 처음부터 비현실적인 수행을 요구한다고 불평하지 않기를 바란다. 단, 한 가지 알아줬으면 하는 건 '돈이란 무엇인가'이다.

인간은 돈에 의해 살아가지 않는다. 돈이 없으면 죽는다고 하는

데 그건 순 거짓말이다. 돈이 없어서 죽는 게 아니라 돈을 벌려고 하는 활기가 사라지면 죽는다. 요는 단돈 1,000원이어도 좋으니, 지금 가진 걸 어떻게 쓰며 살아갈지 그 임기응변이 인간을 살게 한다는 것이다.

중학생 시절, 여름학교 캠프를 가서 학생들과 다 같이 한 숙소에 머물렀다. 전쟁 직후라, 식사는 보리밥과 작은 생선 두 마리뿐이었다. 밥을 먹고 나니 생선 머리와 뼈만 남았다. 그것을 본 선생님은 자리에서 일어나 눈물을 흘리며 말했다.

"그것만 먹고 내일 바다에서 헤엄치면 모두 쓰러질 게다. 부탁이니 생선의 뼈까지 먹어라. 접시에 뜨거운 물을 부어 그 물까지 마셔라. 내온 음식은 남김없이 전부 먹어다오."

당시 선생님의 필사적이던 얼굴이 아직도 기억이 난다. 그때의 선생님의 가르침에 두 손 모아 감사 인사를 드리고 싶다.

학교에서 배우는 건 이런 것이다. 어떻게 해서든 삶을 꿋꿋이 살아내는 것, 그것을 위한 마음가짐에 눈을 뜨는 것이다.

나는 조금 전에 '돈이란 무엇인가' 물었다. 돈이란 활기가 있는 곳에 모였다가 곧 떠나간다. 말하자면 지나가는 바람과 같다. 바람이 한곳에 오래 머물면 집착이 생긴다. 반대로 돈이 끊임없이 유통되면 집착이 생기지 않는다.

예를 들어 내가 있는 절만 해도 그렇다. 스승인 칸세閑栖 화상이 주지로 처음 이곳에 왔을 때 이 절은 다른 곳처럼 부유하지 않고 몹시 황폐하고 빈곤했다. 그렇기에 스승도 나도 필사적으로 노력했다. 그러자 자연히 절 안에 활기가 돌고, 그 활기에 빨려 들어오듯 조금씩 돈이 모이고, 그 돈은 다시 활기에 의해 절 밖으로 내보내졌다. 그로 인해 더욱 많은 돈이 모이고 더욱 많은 돈이 나가게 되었다. 절에는 조금의 돈도 남지 않았다.

처음부터 부유한 절은 이렇게 할 수 없다. 지금 있는 재산으로 먹고살고 있다고 생각하면 자연히 활기가 없어진다. 모이는 돈이 적어지면 자연히 나가는 돈도 제한되고 거기서부터 집착이 생겨난다.

회사도 마찬가지다. 토지를 많이 소유하고 있는 회사는 대부분 구두쇠다. 부동산이 많다는 건, 즉 돈에 움직임이 없다는 소리다. 화장지, 연필 등을 낭비하지 말라고 늘 잔소리를 늘어놓는다. 이런 회사에는 활기가 없다.

'큰길은 장안으로 통한다'는 말이 있다. 장안은 사람이 많아 늘 번화하고 활기가 넘쳐흐른다. 그곳에는 큰길이 몇 개나 관통하고 있어 활기를 얻으려는 사람들이 모여든다. 상품을 가지고 들어오는 상인이 있고, 상품을 사서 나가는 사람도 있다. 돈을 가지고 오는 사람도 있고, 돈을 훔쳐 달아나는 도둑도 있다.

마찬가지로 한 사람의 인간도 장안과 같다. 돈뿐 아니라 모든 것이 사람을 스쳐 지나간다. '돈은 돌고 도는 것'의 진짜 의미가 바로 이것이다. 중요한 건 활기다. 즉 '나는 살아 있다'는 생명의 힘이다. 활기가 있다면 두려울 게 없다. 돈에 집착할 것도, 하지 않을 것도 없다. 이런 생각을 머릿속에 떠올릴 여유가 없을 만큼 그저 있는 힘껏 살아가면 된다.

본인도 돈에 급급하는 주제에 잘난 척하는 얼굴로 돈에 집착하지 말라고 설교하는 자가 있다. 나는 그렇게 말하지 않는다. 그저 있는 힘껏 살아가라고 한다. 있는 힘껏 사는 사람은 돈 씀씀이에도 유연성이 있다.

선사禪寺에는 '포천 대야'가 있다. 손을 씻는 대야인데, 중국의 고대 화폐인 동전과 모양이 비슷해 '포천布泉'이라 이름 붙었다. 그 대야는 전체적으로 둥그스름하고 물을 담는 부분은 사각형이고, 양옆에 '포'와 '천'이라는 글자가 새겨져 있다. '포'는 간수해놓은 돈, '천'은 유통되고 있는 돈을 뜻한다. 간수만 하는 돈은 제 역할을 다하지 못하는 아무짝에도 쓸모없는 물건이다. 써야 돈이다. 그런데 써버린 돈은 이제 돈이 아닌 것도 사실이다.

어제 억만금을 가지고 있었다고 으스대봤자 지금 없는 것은 없는 것이다. 특히 과거에 거들먹거리며 살았던 이들이 이런 말을 늘어놓는데 백날 그래봤자 아무 소용없다.

즉, 돈에는 두 가지 면이 있다. 사용하기만 하거나 혹은 모으기만 해서는 돈은 가치가 없다. 있는 힘껏 살아가고 있는 사람들은 열심히 살아가는 데 필요한 것이라면 아낌없이 돈을 쓴다. 밥을 먹고 공부하는 데 투자를 한다. 그러면 그것이 활력소가 되어 다시 돈이 들어온다. 끊임없이 흘러가는 강물처럼 언제나 돈이 있지만 끊임없이 흘러가서 사라진다. 포와 천이 되는 것이다. 있는 힘껏, 그곳에서 그 순간을 사는 사람은 이렇게 돈을 쓰고 있다.

부자는 왜 삼대를 못 갈까?

'부자 삼대를 못 가고, 빈자 삼대를 안 간다'는 속담이 있다. 교토에 위치한 절에는 그 안에 묘지를 들여놓고 싶어 하는 수많은 회사 사장들이 몰린다. 그렇지만 어느 절에서도 그들을 썩 내키지 않는다. 그 사장들의 집안이 지금은 번듯할지라도 삼대를 못 가 망해버려 그때 되면 커다란 무덤만 황폐히 남아 찾는 이가 없을 텐데, 그렇다면 훗날 절의 주지를 맡을 이에게 미안한 노릇이기 때문이다.

인간은 부자가 되면 겁쟁이로 전락하는 탓에 부자는 삼대를 못 간다. 한 예로, 평소 만져보기도 힘든 큰돈을 품에 넣고 거리를 활보해보자. 세상을 다 가진 듯 신나고 들뜨는 한편 초조하고 불안할 것이다. 스쳐 지나가는 모든 사람이 자신의 마음을 꿰뚫는 듯한 기분에 사람 많은 곳을 피하고 서둘러 집에 돌아가고 싶어질 것이다. 품 안에 있는 돈에 마음을 빼앗기는 것이다.

나는 직업상 각계각층의 사람과 만나는데 특히 재계 사람을 접할 때마다 이 사실을 통감한다. 20여 년을 친하게 지낸 N이라는 사람은 맨손으로 시작해 밑바닥에서 건설 회사 사장에 오른 불굴의 근성을 가진 남자다. 하지만 그는 부자로 살면서 해를 거듭할수록 겁쟁이가 되어 주변 사람을 질리게 만들었다.

몇 년 전에 지었다는 그의 호화 저택에 방문했을 때 나는 깜짝 놀랐다. 견고한 문을 열자 갑자기 개 짖는 소리가 들려왔다. N은 자랑하듯 불도그와 셰퍼드를 두 마리씩 키우고 있다고 말했다. 집 안의 모든 창문이 이중으로 되어 있고, 모든 문에 자물쇠가 채워져 있었다. 그 밖에도 특별히 맞춤 제작한 커다란 금고부터 방범벨, 자동소화기, 피뢰침까지 온갖 방범 및 방화 장치가 삼엄하게 갖추어져 있었다.

그의 마음은 잘 알겠다. 힘들게 모은 재산을 도둑맞거나 화재로 잃고 싶지 않을 테니. 하지만 그렇게까지 하지 않으면 편히 잠을 잘 수 없다는 N을 나는 동정했다.

젊은 시절 N은 돈을 제대로 쓸 줄 몰랐다. 어느 날은 전대에서 돈 다발을 꺼내 홍등가에 뿌리고, 어느 날은 품 안에 돈을 넣은 채 노상에서 잠들기도 했다. 그러다 돈을 벌고 출세하면서 금전관, 나아가서는 세계관이 바뀌었다.

주변에는 '구두쇠'인 사람이 있는가 하면 '인심이 후한' 사람도 있다. 문제는 그 밑에 깔린 세계관이다. 금전이 중심되는 돈에 좌지우지하는 세계관인가 아니면 위기가 닥쳤을 때 맨몸뚱이로 세상과 맞서 싸울 수 있을 만큼 돈을 압도하고 좌지우지하는 세계관인가 하는 것이다. 그것은 돈이 없을 때의 돈에 대한 태도로 결정된다.

N은 젊은 시절 찢어지게 가난했다. 말하자면 '가난을 익혔다'고 할 수 있다. 하지만 N은 정말로 가난을 익혔던 건지 의문이다. 왜냐하면 그는 가난을 견딜 수 없어서, 진저리나게 싫어서 맹렬히 일했기 때문이다. 그렇게 하지 않으면 견딜 수 없는 절박한 상황이었다고는 하나, 가난을 못 견뎌 일을 하는 것과 가난한 가운데 밥을 먹기 위해 일을 하는 것은 다르다. 후자 쪽은 살아가려는 마음이 충실하지만, 전자 쪽은 마음에 중심이 될 만한 것이 없다. 물질적으로

풍요로워져도 그 마음속은 결코 만족스러운 안정감을 가질 수 없는 것이다. 그리고 그건 주위를 신경 쓰며 두려워하고 있는 본인이 가장 잘 알고 있을 것이다.

일본 가전제품의 붐을 예견하고 반도체 산업에 뛰어든 한 남자가 있었다. 막 창업을 시작할 무렵에는 먹고살기 위해 일에 필사적으로 매달렸다. 그리고 그런 모습은 전 사원에게 귀감이 되어 한 사람, 한 사람이 자신의 능력을 발휘해 나갔다. 또 그는 치열한 경쟁에서 살아남기 위해 한결같이 생사의 기로에 섰다는 마음가짐으로 새로운 아이디어를 찾고 직원들의 의견을 적극적으로 채용했다. 그 덕분에 회사는 급속도로 성장해 업계에서 입지를 탄탄히 굳혔다. 그러나 그것도 잠시일 뿐, 어느 순간부터 기세가 꺾이고 순식간에 하락세를 타더니 결국 도산했다.

회사가 부유해지자 사장이 겁쟁이가 되어버린 탓이다. 또, 회사를 성장시키는 원동력이던 새로운 아이디어와 기업 목적에 대한 진지한 고민이 사라졌기 때문이다. 그것은 동시에 사원들의 사기를 떨어뜨리는 결과를 초래해 결국 도산이라는 최악의 사태를 맞이하게 된 것이다. 즉, 부자 됨과 동시에 생활의 중심을 잃었기에 일어난 비극이다.

반대로, 돈이 없어 위축되거나 남의 집을 부러워하는 경우도 있다. 잘사는 집을 곁눈질로 훔쳐보며 소곤소곤 험담하는 광경을 가끔 본다. 그때마다 나는 진심으로 슬프다. 남의 집 풍경에 마음 빼앗기지 말라고 말하고 싶어진다.

가난한 시기야말로 돈에 대한 마음가짐을 만들어갈 때다. 가난이란 '장래에 부자가 될 운명이니 지금의 빈곤함 속에서 그 준비를 해놓을' 기회다.

'부자', '가난뱅이', '구두쇠', '낭비벽이 심한' 등 세상에는 사람을 가리킬 때 쓰는 다양한 수식어가 존재한다. 그리고 대부분의 사람이 이러한 수식어로 다른 사람을 구분할 수 있다고 믿는다. 하지만 실제로는 그런 식으로 분류되지 않는다. 열심히 살아가는 사람과 대충 살아가는 사람으로 나뉠 뿐이다. 돈에 휘둘리는 사람은 자신이 살아 있다고 생각해도 실은 산 것이 아니다.

살아 있으면 돈은 모인다

신도 중에 S씨 노부부가 있다. 하루는 그들이 내게 찾아와 이렇게 말했다.

"우리 부부는 지진과 전쟁이라는 두 번의 재난으로 모든 걸 잃은 적이 있습니다. 이 경험을 통해 '모든 물질적인 재산은 언젠가는 소멸한다'는 것을 알게 되었습니다. 그 후로 지금껏 검소한 생활을 하고 있습니다."

S씨 부부는 두 번의 재난을 딛고 일어서기 위해 피땀 흘려 일했다. 그렇게 몇 년이 지나 그들은 어느 정도 기반을 다질 수 있게 되었다. 지금도 마음만 먹으면 얼마든지 돈을 더 벌 수 있지만 그들은 굳이 무리하지 않는다. 그저 '오늘'을 과부족 없이 살아갈 수 있다면 그걸로 충분하다고 생각한다.

나는 이 부부의 삶의 방식이 꼭 옳다고 보지는 않는다. '모든 물질적 재산은 언젠가 소멸한다'는 건 '재물을 가졌으면 일하지 마라. 그것은 헛된 일이다'라는 소리가 아니다. 인간이 열심히 노력해서 쌓아올린 재물을 감히 헛되다고 말하는 오만한 종교가 있을까.

불교에서 말하는 '공空'은 헛됨을 의미하는 것이 아니다. '눈에 보이지 않는 세계'와 '마음과 물질의 조화'를 뜻한다. 내가 존경하는 선배인 다카다 코인 스님은 그것을 '널리 널리, 더 널리'의 마음이라고 말한다.

그렇지만 나는 S씨 부부를 존경한다. 그들은 가난을 익혔기 때문이다. 문제가 생겼을 때 맨손으로 장해물과 싸울 수 있는 이들이다.

소나무 밑에서 차를 끓이 니

늘 새로운 손님이 찾아오고
푼돈에 내어주는 차 한 잔.
이보, 나의 가난을 비웃지 마시오.
가난이 인간을 피롭히는 것이 아니라
인간이 가난에 피로워하는 것일 뿐이니.

차 파는 노인으로 알려진 시바야마 겐쇼紫山元昭의 게偈다. 그는 오늘은 동쪽에, 내일은 서쪽에 마음 가는 대로 찻집을 열고 하루 먹을 만큼의 돈이 생기면 가게 문을 닫았다. 다음 시도 감상해보자.

오늘 탁발하는 도중 소나기를 만나
잠시 낡은 사당에서 비를 피했다.
비웃어라,
가진 것은 목에 건 자루와 공양 그릇뿐.
이것이 나의 생애.
낡아빠진 빈집 같은 홀가분한 삶이로다.

이 시는 천애 고독, 빈털터리로 살다간 료칸良寬 화상의 시다. 어떠한가. 사람들에게 법문을 강설하지 않고, 아이들과 어울려 놀며 욕심 없이 살던 청빈한 수도승의 경지가 느껴지는가.
우리도 돈이 없는 동안에 가난을 익히도록 하자.

2. 부끄러움을 신경 쓰지 않는다

: 약점에서 출발하라

어떻게 해서든 살아내겠습니다

"불초 요코이 쇼이치(제2차 세계대전이 끝난 줄도 모르고 괌의 밀림 지대에 28년간 숨어 있다가 발견된 일본군 상사) 돌아왔습니다."

나리타 공항, 요코이 씨가 불안한 낯빛으로 비행기에서 내려 첫 마디를 내뱉자 일본 국민의 시선이 일제히 집중되었다. 사람들은 그가 왜 28년이나 정글 생활을 견뎌냈는지 떠들어댔다.

한 중년 신사는 이렇게 말했다.

"일본 정신이 있었기 때문이다. 훌륭하다. 잘 버텨주었다."

한 인텔리 평론가는 이렇게 말했다.

"살아서 적의 포로가 되는 것에 대한 굴욕감 때문일 것이다. 그는 전진훈(1941년, 육군 대신이었던 도조 히데키가 발표한 훈령. '살아서 포로 가 되는 치욕을 당하지 마라'는 내용이 담김)을 실행한 것이다. 따지고 보면 그도 전쟁의 희생양이다."

젊은이들은 이렇게 말했다.

"꼴사납다. 그저 정글에서 나오는 것이 두려웠던 것뿐이다. 나 같 으면 바로 나왔을 것이다."

나는 그의 행동을 비판할 마음이 전혀 없다. 그의 심정은 그가 아 니라면 아무도 알 수 없다. 상상컨대 공포가 죽음을 초월했을 것이 며, 수치였을 것이다. 실로 상상을 넘어서는 무시무시한 생활이었을 것이다. 수많은 생각이 오갔을 것이다. 그의 행동에 대해 이러쿵 저러쿵 말하고 싶거든 그 절박함을 직접 겪고 나서 이야기하라고 하고 싶다. 다만 나는 요코이 씨에게 이 말을 전하고 싶다.

"살아남은 것을 부끄러워하지 마십시오. 부끄러울 것이 전혀 없습니다. 누가 뭐라든, 어떻게든 살아내겠다는 의지로 꿋꿋하게 살아가십시오."

초등학교 때, 반에서 언제나 1등을 놓치지 않는 남자아이가 있었다. 그런데 그만 중학교 입학 시험에서 실수를 하고 말았다. 주변 모든 사람이 당연히 합격할 것으로 알고 안심하던 상황에, 합격 명단에 자신의 이름이 없다는 걸 알게 된 아이는 얼굴이 새파랗게 질렸다. 보기 안쓰러울 정도로 온몸에 '수치심'을 담고 있었다. 아이는 눈물을 흘렸다.

"엄마 얼굴을 볼 자신이 없어. 선생님께는 뭐라고 말하지."

그 모습을 보며 나는 부끄러웠다. 밑져야 본전이다 하며 시험을 치른 내가 합격한 것이 부끄러웠다. 그리고 그날 이후 사흘이 지나 우리는 다시 마주쳤다. 아이는 고개를 들지 못하고 있었다.

"죽고 싶어. 살아 있는 게 창피해."

그때 나는 아이에게 막말을 퍼부었다.

"정말 그렇게 생각한다면, 그럼 죽어버려."

왜 그랬는지 모르겠다. 순간적으로 말이 튀어나왔다. 아이는 화
난 듯한 표정을 지었다.

"뭐라고?"

"……."

그때 문득 마음이 평온해짐을 느꼈다. 그 아이에게서 어떻게든
꿋꿋이 살아가겠노라는 의기가 감돌았기 때문이다. 그 순간, 우리
두 사람에게는 부끄럼이 사라졌다.

수치심 없는 사람이 있을까

나는 어릴 적부터 긴장을 하면 손이 떨렸다. 그게 너무나 창피했
다. 반 아이들에게 학교 급식을 배달할 때도 손을 떨었다. 그 모습
을 보고 친구들이 나를 놀려댔다.

"야, 중풍, 중풍!"

그러면 손이 더 떨렸다. 머릿속이 하얘지고 내가 뭘 하고 있고 무
슨 생각을 하는지 알 수 없었다. '어서 이 자리에서 도망치고 싶다.
죽어버리고 싶다'고 생각할 정도로 스스로가 한심했다.

깨끗한 새 종이에 글씨를 쓸 때도 긴장해서 손이 떨렸다. 내가 어
릴 때는 종이가 부족하던 시절이라 오래된 신문지에 몇 번이고 겹

쳐 쓰며 글씨 연습을 했다. 혼자 연습할 때는 손이 떨리지 않는데 '자, 이제 써보자' 하면 그때부터 안 되었다. 게다가 아버지가 옆에서 지켜보고 있으면 더 위축되어 글씨를 쓸 수 없었다.

나는 아버지께 자주 야단을 맞아 늘 기가 죽어 있었다. 무서운 아버지는 꿈에도 나왔다. 꿈속에서 나는 목이 싹둑 잘린 채 아버지로부터 열심히 도망다녔다.

내 이름에는 '용勇'이 들어가는데, 아들이 용감하길 바라는 마음에서 아버지가 지은 이름이다. 그런데 나는 대체 왜 이 모양인지 모르겠다. 재미있게도 이름은 그 사람에게 없는 것을 요구하는 듯하다. 형제 중에 이름에 '강强'이 있는 형은 겁쟁이라 걸핏하면 훌쩍훌쩍 울었다. 또 공부를 싫어하고 놀기만 하는 형은 이름에 '학學'이 있었다.

나는 용감해지고 싶었다. 손이 떨리는 것도 고치고 싶었다. 그렇지만 내 문제는 의사에게 보여도 원인을 찾을 수 없었다. 선禪 수행으로 그러한 손 떨림, 부끄럼을 극복해보려고 나라에 있는 지코인이라는 절에 들어갔다가 "글씨를 쓰는데 손이 떨려서야 써먹을 데가 없다. 포교사나 되어라"라는 말을 들었다. 그때는 정말 절망적이었다. '좋아하는 고문서나 공부해 볼까' 하는 생각도 했다.

어른이 되어서도 손 떨림은 멈추지 않았다. 지금도 극도로 긴장하면 손이 떨린다. 직업상 훌륭한 분들과 어울릴 기회가 많고 회식을 하는 경우도 있는데 그럴 때면 손이 떨린다. 얼굴이 화끈거릴 정도로 창피하다. 냉정함을 잃고 머릿속이 하얘진다. 물기가 많은 것을 잡으면 손이 더 떨린다. 술잔도 그렇다.

어떻게든 고치고 싶다는 생각에는 변함이 없다. 그렇지만 나는 그것을 굳이 숨기지는 않는다. 차라리 일부러 드러낸다. 모임에 초대받으면 기꺼이 참석한다. 부끄럽다는 생각에는 변함이 없지만 몇 번이고 계속되는 일이니 그것만 신경 쓰고 있을 수는 없는 노릇이다. 그것 말고도 중요한 일이 많다. 창피함만 신경 쓰고 있을 여유가 없다. 생활하는 것, 살아가는 것이 우선이다.

세상에는 말을 더듬는 사람도 있고, 간질병을 앓는 사람도 있다. 물론 창피할 것이다. 누가 무슨 말을 하든 어떤 위로를 하든 그 창피함은 본인밖에 모른다.

그런데 대체 '창피하다'는 감정은 무엇일까. 그것은 단지 기분 상태는 아니다. 그 기분에서 도망칠 수 없는, 꼼짝할 수 없는 마음이다. 공포심이다. 무서운 사람 혹은 훌륭한 사람을 상대할 때, 자신의 결점이 드러날 때 순간 창피함을 넘어 주변 환경에 마음이 꽁꽁

묶이는 것이다. 긴장을 하고 자기 자신을 잃는 것이다.

그러한 공포와 수치심은 그 세계를 깨부수려는 마음이 생길 때 비로소 사라진다. '이까짓 것!' 하고 마음을 공격한다. 그렇게 나는 죽자 사자 맞선다.

부끄러운 것이 하나도 없다고 말하는 사람은 신용할 수 없다. 완벽한 인간이란 있을 수 없기 때문이다. 그런 사람은 매력적이지 않고, 살아 있는 인간이라 할 수 없다. 결점과 약점이 있기에, 창피한 점이 있기에 인간이 아닌가. 그런 인간들끼리 서로 부딪히며 살아가다 보니 즐거운 일, 슬픈 일도 생기는 게 아닌가. 다툼도 생기는 게 아닌가. 그러니까 '신경 쓰지 않고 살아가고픈 마음'을 얻고자 하지 않는가.

부끄럼을 더 키워라

가끔 대학 시절의 국어 선생님이 떠오른다. 그분은 뭔가 말할 때 몹시 수줍어했다. 꽤 연세가 있었음에도 젊은 학생들 앞에서 '그것은 이러한 것입니다'라고 설명하며 발그스레 뺨을 붉혔다. 그 행동은 뭐라 말할 수 없이 품위 있게 느껴졌다. 선생님의 겸허함이 상쾌해서 기분 좋았다. '선생님의 이야기를 열심히 들어야지' 하는 의욕이 일었다. 그 순수한 수줍음 속에 선생님의 본심과 활기찬 생명력이 비쳐보였다. 수줍음이 많은 사람은 매력적이다.

　전쟁 전에는 남녀가 길거리에서 스킨십을 하는 모습은 외국 영화에서나 볼 수 있었다. 손을 잡고 걷기는커녕 나란히 걷는 것조차 허용되지 않았다. 남자가 앞서 걷고 여자는 세 발자국 정도 뒤에서 따라갔다. 그런데 요즘은 당당히 손을 잡고, 어깨동무를 하고, 팔짱을 끼고 때로는 멈춰 서서 키스를 한다. 그런 모습을 보며 인상을 찌푸리는 사람도 있다. '부끄럼'이라는 미덕이 사라진 걸까.

　우리 절의 스님들은 '만나고 싶고, 보고 싶은 마음에 두려움을 잊고…… 다른 사람의 눈을 피해 만나러 간다('새장 속의 새籠の鳥'라는 노래의 가사)'고 흥얼거리며 "이쪽이 우리 정서에 더 맞는데"라고 말하지만….

　그럼 요즘 젊은이들에게 '부끄럼'이란 완전히 사라진 것인가 하면 그렇지도 않다. 절에 찾아오는 젊은이들에게 "같이 목욕이라도 하지 않겠나?" 하고 물으면 "스님과 말입니까?" 하며 머뭇댄다. 목욕탕에 가는 건 괜찮은데 나와는 싫다는 소리다. 정말이지 인간의 '부끄럼'이란 희한하다. 말로는 설명할 수 없다.

　불행하게도 세상에는 불구의 몸을 가지고 태어난 사람이 많다.

그것을 '부끄럽다'고 생각하는 사람도 있다. 그런데 신체 건강한 자가 그런 사람들에게 '부끄럼'을 느끼는 경우도 있다. 아무것도 해줄 수 없는 자신이 부끄러울 때다.

어느 일류 회사의 과장인 K라는 신도가 있다. 입사한 지 10년이 조금 지나 과장이 되었으니 출세가 꽤 빠른 엘리트 사원인 셈이다. 그는 실력도 좋지만 그 자리에 오르기까지 무척 열심히 노력했다. 나 역시 절로 고개가 숙여질 정도였다. 그런데 그가 어느 날 풀 죽은 얼굴로 나타났다.

"스님, 회사원이란 직업은 정말 허무합니다."

어딘지 이상해 연유를 묻자 그는 몸을 한껏 움츠렸다.

"과장이라고 해 봤자 어차피 회사에 고용된 몸입니다. 평사원일 때는 어떻게든 빨리 과장이 되려고 기를 썼는데 막상 되고 보니 앉는 의자만 바뀌었을 뿐입니다. 그런데도 동료들은 저를 욕합니다. 자기들을 발판 삼아 출세한 거라고 말이죠. 처음에는 신경 쓰지 않으려고 했는데 자꾸 듣다 보니 어쩌면 그럴지도 모른다는 생각이 들었습니다. 그러자 강박관념처럼 내가 그들에게 못할 짓을 한 것 같고, 괜히 미안하고 불편한 마음이 생겼습니다. 그 뒤로는 평소처럼 그들을 대할 수가 없습니다. 거침없이 일을 시키던 것이 이상하게 조심스럽고, 또 갑자기 화가 나서 소리 지르고……. 어쩐지 나 자신을 알 수 없게 되었습니다. 월급도 동년배에 비해 많이 받는데 이제는 그것마저 부끄럽습니다."

K는 과장이 되기까지 타인은 안중에 없이 오로지 일에 매달려 왔다. 그런데 막상 과장이 되어 다른 사람들 위에 서자 여러 가지 생각으로 마음이 흔들린 것이다. 결국에는 출세한 것이 부끄러워지고, 월급을 많이 받는 것도 부끄러워졌다. 공격적인 삶의 방식이 순식간에 무너진 것이다.

그의 이야기를 들으며 '그렇구나. 회사원이란 그렇게 속 편한 직업이 아니구나' 하는 동시에 비단 그만의 문제가 아니라는 생각이 들었다.

나 역시 그런 기분일 때가 있다. 나보다 불우한 사람, 고생하고 있는 사람을 보면 어쩐지 부끄럽다는 생각이 든다. 어쩐지 조심스러워진다. 솔직한 나의 마음을 전할 수가 없다. 더러는 역으로 매몰차게 굴기도 한다. 왜 그런지는 딱히 특별한 이유가 없다. 또 내가 머뭇거리며 눈치 볼 만큼 상대가 나를 신경 쓰는 것도 아니다. 나 혼자 끙끙 앓으며 난리를 치는 것이다.

우스운 일이다. 자신이 생각하는 만큼 타인은 자신을 생각하지 않는다. 설령 타인이 자신을 험담하더라도 왜 이전처럼 '자기를 살리는' 삶을 살지 못하는 걸까. 그러다가는 자기 힘으로 어렵게 얻은 것마저 순식간에 그 의미가 퇴색될 것이다. 결국에는 다른 사람이 정해준 선로를 달리게 될 것이다.

최근 결혼 연령이 점차 늦춰지고 있다. 자유분방하게 청춘을 사느라 그런 거라면 상관없지만 가만 보면 그렇지도 않다. 빨리 결혼하고 싶으면서도 우물쭈물하고 있는 남녀가 많다. 부모와 친척이 배우자를 찾아주기를, 밀어붙여주기를 기다리는 것이다. 맞선을 보고 결혼하는 사람이 늘어나는 것이 한 증거다. 즉, 자신의 의지로 결정하지 못하는 젊은이들이 많아졌다. '한번 과감히 부딪쳐보자'는 심정으로 자신의 약점과 결점을 확 드러내면 좋을 텐데 그러지 못한다. 어지간한 선에서 마음을 정리하고 무난한 인생을 살아가려고 한다.

그래서는 안 된다. 그렇게 하면 약점과 결점은 영원히 마음속에 편안히 자리 잡고, 그 약점과 결점이 시키는 삶을 살아가게 된다.

인간은 여러 종류의 '부끄럼'을 지닌 채 허둥지둥 살아가고 있다. 벗어나려고 해도 벗어날 수 없다면 차라리 자기 안의 부끄럼을 솔직히 인정하는 것이 어떠한가. 부끄럼은 속이려고 해도 속일 수 없다. 그럼 한번 부끄럼에 부딪쳐보자. 부끄럼에게 먹이를 주자. 부끄럼 그 자체가 되는 것이다. '인정한다'는 것은 '보고 멈춘다'는 것이다. 즉, 마음이 그곳에 멈춰서는 것을 의미한다. 하나가 되는 것이다. 그때 그 장소에서 과감히 부딪쳐 부끄럼을 확인하자. 먼저 마중을 나가자. '부끄럼을 신경 쓰지 않는다'는 것은 이러한 것이다.

3. 고독을 신경 쓰지 않는다

: 철저히 고독하고, 고독을 드러내라

고독은 자신만의 것이다

"나는 고독합니다."

"네, 잘 압니다."

실은 다른 사람의 고독 같은 걸 내가 알 리 없다. 내가 지금 연필 뒷부분으로 나무 테이블을 가볍게 치면 어떤 소리가 날까. '탁', '쨍그랑', '콩', '톡' 전부 아니다. 당신이 지금 내가 있는 곳으로 직접 와서 내가 한 것과 똑같이 연필로 테이블을 가볍게 칠 때, 그때 나는 소리가 정답이다. 그때, 그 장소에서, 그 사람이 되어 말이 아닌 진짜 느낌으로 그의 고독을 겪어야 알 수 있다. 따라서 나는 고독을 하소연하는 사람을 위로할 수 없다. 그와 같은 생활을 하지 않은 이상 동정은 거짓이며 그 순간을 얼버무리기 위한 위선이다.

사람들은 저마다 매 순간 나름의 '고독'을 끌어안고 살아간다.

1년 전, 세계 반 바퀴를 오토바이로 여행하고 돌아온 한 젊은이가 찾아와 농담처럼 이렇게 말했다.

"호弧를 견디고 돌아왔습니다."

원래 그는 세계 일주를 계획하고 떠났으나 무리한 탓에 건강이 나빠지고, 가진 돈도 다 떨어지는 바람에 계획을 축소하고 돌아온 것이었다. '분하다. 이게 뭐야' 하는 원통함을 고독이라고 말하고 싶어서, 고독의 고孤를 지구 반원을 뜻하는 호弧로 둔갑시켜 실없는 농을 던진 것이다.

"몹시 실망해서 한동안 아무것도 하고 싶지 않았습니다. 누구와 이야기를 해도 재미가 없고 무얼 하든 시시했어요."

돌아왔을 당시의 기분을 그는 내게 이렇게 말했다. 수년에 걸쳐 차근차근 모은 돈을 가지고 치밀하게 계획을 세우고 용기를 내서 떠났는데 꿈을 이루는 도중 그 꿈이 깨져버려 일순간 눈앞이 캄캄해지는 기분이었다고 했다.

"소중한 뭔가를 빼앗긴 것이나 다름없었습니다. 여자 친구와 있을 때도 넋을 놓고 있어 그녀가 무슨 이야기를 하는지 전혀 들리지 않은 적도 있습니다."

그리고 그는 이야기 끝에 이렇게 덧붙였다.

"그래서 저는 외톨이었고 몹시 고독했습니다."

나는 그가 왜 고독했다는 것인지 이해할 수 없었다.

글쎄, 그럼 나는 어떨까. 나는 어떨 때 고독했을까. 이 젊은이의 해외여행 계획을 하나의 사업으로 친다면, 나는 사업에 실패했을 때는 그다지 고독하지 않았다. 그보다 사업이든 계획이든 내가 밀고나가려는 어떤 일을 주변 사람들과 가족들이 반대했을 때 뼈에 사무치게 괴로웠다. 아내와 아이들이 모두 반대하며 "그럼, 마음대로 하세요"라고 말했을 때 온몸에 힘이 쭉 빠졌다.

　삶에 가장 고독했던 순간은 건강을 잃었을 때다. 예전에 위장에 병이 났을 때 정말 고통스러웠다. 좀처럼 몸이 말을 안 듣고 '남들은 안 그런데 왜 나만 이런 걸까' 스스로가 몹시 한심하게 느껴졌다. 지금 내가 '고독을 신경 쓰지 않는다'며 잘난 척하고 있지만 실은 고독을 견디지 못한 나 자신의 모습이 떠오를 뿐이다.

　어릴 적, 뒷집에 노부부가 살고 있었다. 그들은 자식이 없어 '나라오'라는 어린아이를 맡아 돌보고 있었다. 그런데 어느 날 밤에 나라오가 사라졌다. 할머니는 반쯤 정신 나간 사람처럼 사방팔방 뛰어다니며 아이를 찾았다. 우리 어머니도 나라오를 찾으러 나갔다.

　"뒷집 할머니가 걱정되어서 가봐야겠다. 집 보고 있어라."

　남겨진 건 나 혼자뿐. 커다란 집에서 외톨이가 되어버렸다. 어머니가 있을 때는 느끼지 못한 칠흑 같은 어둠이 내 곁으로 바싹 다가왔다. 이것만으로도 불안한데 갑작스레 예전에 겪은 무서운 일이 떠올랐다. 이 역시 나라오와 관련된 이야기로, 한번은 나라오가 친부모 곁으로 돌아간 적이 있었다. 그러자 뒷집 할머니는 외로움을 견디지 못하고 심각한 노이로제에 걸려 우물에 뛰어들려고 했다.

그런데 발을 들인 순간 제정신이 돌아왔는지 우물 밧줄에 매달려 소리쳤다. "살려줘— 살려줘—"

할머니의 목소리는 밤의 암흑 속에서 으스스하게 울려퍼졌고 나는 그 섬뜩한 목소리에 소름이 끼쳤다. 그런데 그날 혼자 집을 보고 있던 중에 그 일이 떠오른 것이다. 어디선가 할머니의 목소리가 들리는 것 같아 갑자기 견딜 수가 없었다. 결국 이불을 뒤집어쓰고 울음을 터뜨렸다. 잠시 후, 어머니가 돌아와 나를 보고 깜짝 놀라 왜 울고 있느냐고 물었지만 나는 대답하지 않았다. 내 외로움과 두려움을 이해하지 못할 것 같아 그저 홀로 울었다.

버리면 자유로워진다

늘 곁에 있던 사람과 헤어졌을 때 인간은 고독해진다. 특히 노인들은 더 그러하다. 노부부 중에 한 사람이 먼저 세상을 뜨면 남은 한 사람도 머지않아 생을 다하는 경우가 많은데 그건 바로 고독 탓이다. 칸세 화상은 자주 이렇게 말했다.

"노인들에게서 일을 빼앗아서는 안 된다."

우리 할머니는 90세까지 나라에 있는 지코인에 있었는데 원래는 내가 있는 다이센인에 먼저 왔다. 당시 다이센인에는 형무소에서 막 출소한 아저씨 한 명이 절 일을 도맡아하고 있었다. 그는 부지런

하고, 뭐든 직접 해야 직성이 풀리는 사람이었다. 그런데 할머니가 그보다 먼저 일어나 절 일을 다하니 아저씨 입장에서는 그게 맘에 들지 않았나 보다. 그는 할머니보다 더 일찍 일어나 일을 끝마쳤다. 그러자 소일거리가 없어진 할머니는 갑자기 늙어갔다.

일을 빼앗기는 것도 '고독'이 된다. 육체적 고독은 나아가 정신적 고독이 된다. 그래서 노인들은 손자를 보살피거나, 밭일 등의 소일을 하지 못하게 되면 정신적인 고독에 빠진다. 어느 날부터 중얼중얼 혼잣말을 하게 된다.

"고독과 고립에서 벗어나기 위해 '신경 쓰지 않는 마음'을 얻어야 한다. 철저히 혼자가 되는 것, 천상천하 유아독존이 되는 것이다."

이렇듯 뭔가 있어 보이게 말하는 자가 있는데 그건 순 거짓말이고 허황된 소리다. '신경 쓰지 않는 마음'이라고 외치며 흔들림 없는 마음을 얻길 바란다고 절대로 그렇게 되지 않는다.

신자 중에 이런 남자가 있었다. 언론에 종사하고, 나이는 서른넷에서 다섯 정도로 아이 셋을 둔 아버지였다. 나이보다 젊게 살겠다며 청바지를 즐겨 입고, 소년 만화 주간지를 애독했다. 그는 직업상 퇴근이 늦는 데다가 술을 좋아해서 밤늦게 집에 돌아가기 일쑤였다. 그러던 어느 밤, 그는 실수로 와이셔츠에 립스틱 자국을 묻히고 집에 들어갔다. 그걸 본 아내는 화가 나서 아이 셋을 데리고 친정으로 가버렸다.

처음 며칠은 잔소리하는 아내가 없는 자유를 만끽하며 실컷 놀았다. 그런데 맘 편히 마시던 술도 무슨 영문인지 보통 때 같지 않았다. 놀고 있어도 기분이 썩 좋지 않았다. 집에 일찍 돌아가도 즐겁지 않았다. 가장 싫은 건 아무도 없는 불 꺼진 집에 직접 열쇠로 문을 열고 들어가는 것이었다. 그 심경을 그는 이렇게 말했다.

"밤늦게 집에 가면 식탁에는 그날 아침에 먹다 남긴 음식과 마시다 만 홍차, 빵 부스러기가 그대로 있고 이불 주름마저 그날 아침과 똑같습니다. 내가 없는 동안 집 안의 모든 것이 죽어 있는 겁니다. 아내와 아이들이 있을 때는 완전 딴판이었어요. 그때는 현관에 들어서서 아이가 벗어놓은 흙투성이 운동화를 보면 '아아, 우리 장난꾸러기들이 흙장난을 했구나' 흐뭇해하고, 방 안에 책이 어지럽게 흩어져 있고 아내가 뜨다 만 뜨개질이 굴러다니면 '아내는 뒷정리도 하지 못할 만큼 피곤해서 잠이 들어버렸구나' 안쓰러웠죠. 아내와 아이들이 쿨쿨 자고 있는데도 어쩐지 우리는 소통이 가능했어요. 집 안 가득 사람이 살고 있는 따스함이 느껴졌으니까요. 그런데 아내와 아이가 사라지니 집만 남고 가정은 없어져 버렸습니다."

그는 결국 처가로 아내를 데리러 갔다. 모양새 빠진다는 말을 하고 있을 처지가 아니었다. 친한 친구는 그에게 세상에 여자가 아내한 명밖에 없느냐고 위로했지만 그건 타인의 말에 지나지 않았다. 그는 '역시 내게는 아내와 아이들이 없으면 안 돼. 지금 자존심 따위를 신경 쓸 때가 아니야'라는 심정으로 아내를 좇아간 것이다.

창피고 체면이고 다 제쳐두고 자신의 고독을 다른 사람 앞에 전부 드러내는 것은 힘든 일이다. 이 남자처럼 철저히 고독할 때 마음이 자유로워지고 자신의 기분대로 행동할 수 있게 된다. '신경 쓰지 않는 마음'은 쉽게 발견되지 않지만, 이럴 때 마음은 어떤 것에도 흔들리지 않게 된다. 이것이 '신경 쓰지 않는 마음'이다.

도망치면 늘 따라다닌다

"지금 열심히 하지 않으면, 언제 열심히 할 것인가."

이렇게 말하는 나는 젊은이들로부터 수많은 편지를 받고도 일일이 답장을 하지 못했다. 그 일이 미안해서 어느 날 편지를 인쇄해모두에게 보냈다. 끝부분에는 편지를 보내온 이에게 자필로 간단히 덧붙였다. 그러자 한 중학생 남자아이로부터 답장이 왔다.

"스님께 이전에 받았던 편지와 필적이 다릅니다. 직접 써 주실 수는 없는 겁니까. 다른 사람에게 답장을 받으려고 그렇게 정성껏 편지를 쓴 것이 아닙니다. 인쇄된 답장을 받기 위해 편지를 쓴 것이 아니란 말입니다. 스님의 진심을, 짧은 문장이어도 좋으니까 써주시기 바랍니다. 이건 스님이 평소에 말씀하시던 것과 다릅니다."

깜짝 놀랐다. 진심으로 미안했다. 그 뒤로도 아이는 많은 편지를 보내왔다. 좋은 내용이 많았기에 나도 정성껏 답장을 보냈다. 그러다 이 아이라면 우리 절에 사미승으로 와도 좋겠다는 생각이 들어 의사를 물었더니 "부모님께 여쭈어보니 안 된다고 하셨어요. 절에 주기 위해 키운 것이 아니라면서 반대하셨어요"라고 답장이 왔다.

그 후로 나는 바쁜 일상에 쫓겨 아이와의 편지를 적당히 마무리 지었다. 시간이 흘러 여름방학이 되고, 그 아이의 형으로부터 한 통의 전화가 걸려왔다.

"동생이 스님을 꼭 뵙고 싶어 합니다만⋯⋯."

그리고 아이가 오기로 한 그날, 이번에는 학교 담임에게서 전화가 걸려왔다. 아이가 나를 만나러 간다고 하기에 선생이 직접 역으로 배웅을 나갔는데 어찌된 영문인지 나타나지 않았다는 것이다. 그 아이는 무면허로 오토바이를 타고 다니다 경찰에 붙잡힌 적도 있고, 성적도 몹시 나쁘다고 했다. 선생은 이야기의 끝 무렵에, 아이가 내게 폐를 끼칠지 모르니 조심하라는 당부를 남겼다. 그리고 그날 아이는 의지할 곳이 나밖에 없다는 듯 선물을 들고 찾아왔다.

"선생님은 믿을 수 없어요. 부모님은 성적이 나쁘다고 잔소리만

하고요. 스님이라면 믿어주실 것 같아 찾아왔어요.”

졸업이 코앞인데 공부하기가 싫어서 교토에 왔다고 했다.

“전처럼 내가 틀렸다며 공격하는 것은 훌륭한 일이다. 그건 살아
있는 것이며 동시에 강하다는 의미다. 하지만 지금처럼 부모님과
선생님에게 버림받았다며 교토의 절로 오는 건 도망치는 것이다.”

‘그 태도는 틀려먹었다. 왜 부모님과 선생님을 향해 정면으로 돌
진하지 않는 것이냐’고 말한 것이다. 다른 사람으로부터 신뢰받지
못하고, 멸시당하고, 냉소적인 시선을 받는 것은 괴롭고 쓸쓸한 일
이다. 믿어주는 사람, 높이 평가해주는 사람에게 저절로 발길이 옮
겨지는 것은 당연하다. 하지만 그것은 도망치는 것이다.

“왜 다른 사람들이 너를 경멸하느냐. 그것은 성적이 나빠서가 아
니다. 왜 다른 사람들이 너를 신뢰하지 않느냐. 그것은 무면허로 오
토바이를 타고 다녔기 때문이 아니다. 네가 자신의 인생에 정면으
로 맞서지 않고 그저 도망만 치고 있기 때문이다. 비겁하기 때문이
다. ‘고독하다, 아무도 내 마음을 알아주지 않는다’고 투정부리며
나 같은 사람이 있는 곳까지 도망을 쳐왔기 때문이다.”

힘껏 인생에 맞선다면 다른 사람들은 그 아이를 경멸하거나 불신
하지 않을 것이다. 본인도 ‘고독하다’는 말 따위는 하지 않을 것이
다. 인생이란 그런 것이다.

4. 잡념을 신경 쓰지 않는다

: 나를 피롭혀 나쁜 습관을 씻어버다

나쁜 습관을 몰아내는 방법

스포츠는 자신을 괴롭힘으로써 강해진다. 자신도 모르는 새 몸에 배인 나쁜 습관과 비뚤어진 마음을 바로잡기 위해 스스로 기합을 넣는다. 선배와 코치가 시키는 것을 무조건 실행하는 것도 그 때문이다. 먼저 몸과 마음을 백지상태로 만들고 거기서부터 다시 시작하는 것이다.

우리 일상생활에서도 마찬가지다. 시험 삼아 자신의 행동을 거울에 비춰보길 바란다. 예를 들어 양반다리를 하고 앉아봐라. 아마 구부정하게 있게 될 것이다. 일어설 때는 노인처럼 허리를 구부리며 절로 어이쿠 소리를 내게 될 것이다. 그러나 등줄기를 곧게 펴고 자세를 바로잡으면 곧장 일어설 수 있다.

매사 생각하는 방식에 있어서도 마찬가지다. 아버지와 어머니가 하는 말을 고분고분 듣지 않는 아이가 있다. 일찍 자라고 하면 일부러 밤늦게까지 깨어 있다. 그런가 하면 남편의 말을 믿지 못하는 아내도 있다. "이번 일요일에 어디 놀러 갈까?" 물으면, 뭔가 다른 속셈이 있는 게 아닌지 의심부터 한다. 나쁜 습관이 있는 탓이다.

뇌에 습관이 생긴 사람도 있다. 뭐든지 성가신 일은 '그럭저럭 하자는 주의'를 따르는 사람도 있고, 책상 앞에서 공부하는 것만이 진실이라고 믿는 이론만 가진 사이비 인텔리도 있다. 그들은 인간 생활의 모습을 그대로 보지 못하고 하나하나 자신의 지식과 공식에 적용시켜 설명하려고 한다.

예를 들어 예전에 어느 학생과 대화를 나누던 중에 내가 '수급불류월水急不流月'이라는 말을 인용했더니 그 아이가 아는 척을 했다.

"아, 그 의미는 아무리 세상이 변해도 자신은 같은 곳에 있다. 즉 '인간은 그래야만 하는 것이다'라는 말씀이지요?"

사이비 인텔리들은 '이래야 한다', '저래야 마땅하다'라는 자기 머릿속에서 꿰맞춘 이상상理想像을 제시하고 싶어 한다. 하지만 그런 건 우리가 살아가는 데 아무짝에도 쓸모없는 것이다.

수급불류월, 강물이 아무리 빠르게 흘러가도 물에 비친 달의 모습은 떠내려가지 않는다. 나는 그 있는 그대로의 사실을 있는 그대로 말한 것뿐이다. 해야만 한다, 해서는 안 된다는 식의 논리와는 아무런 관계가 없다. 그런 선입견은 미련 없이 내다버리고 살아 있는 인간의 진실한 모습을 똑똑히 보아야 한다. 거기서부터 '신경 쓰지 않는 마음'이 생겨나는 것이다.

'부부는 사이좋게 지내야 한다'고 말하는 사람이 있다. 아니 대부분의 사람이 그렇게 믿고 있다. 금실 좋은 부부를 보고 있으면 기분이 좋아진다. 하지만 실제로 부부는 노상 싸움을 하며 살아간다. 그것이 진짜 부부의 모습이다. 인간들끼리 어울려 지내다 보면 그게 당연한 것이다. 싸움을 하고 화해를 한다. 그런 반복이 우리네 생활 그 자체다.

그런데 싸움을 해서는 안 된다고 정해놓고 사는 부부는 싸움을 두려워한 나머지 말하고 싶은 것이 있어도 말하지 못하고, 하고 싶은 일이 있어도 하지 않고 살아간다. 그건 마치 식물과 식물이 나란히 서 있는 것과 같은 모습이다. 풍파는 일지 않을지 모르지만 거기에는 인간다운 감정의 뒤엉킴과 애증이 없다. 있어도 억지로 없앤다. 점차 거짓말이 시작되고 비밀이 생겨난다. 그것은 가면을 쓴 인생이 아닌가.

자, 그럼 이렇게 마음과 머릿속에 스며든 나쁜 습관을 어떻게 씻어낼 수 있을까. 철저하게 자신을 괴롭혀야 한다. 몸을 가누지 못할 만큼 자신을 바닥 끝까지 떨어뜨리는 것이다.

철저하게 자신을 괴롭히다

수행을 거듭하다 보면 뭔가 느끼는 바가 있고 깨달은 것 같은 기분이 든다. 그럴 때면 마치 천하를 얻은 듯 자신감이 넘쳐흐른다. 하지만 노사老師 앞에 서면 자신감은 부풀어 오른 풍선을 바늘로 찌른 듯 순간 사라져 버린다. 살아가는 것조차 싫어지고, 내가 태어난

게 뭔가 실수가 아닐까 고민하게 된다.

그래도 살고 싶다는 본능이 남은 것인지 밑바닥에서 기어오르고자 하는 마음이 생겨난다. 이윽고 다시 자신감이 차오르고, 어떤 일인가를 계기로 예전의 의기소침했던 모습은 온데간데없이 사라진다. 마치 세상만사를 모두 알고 있는 듯 착각에 빠진다. 그런데 또다시 노사에게 허점을 찔려 철퍼덕 나동그라져서 지옥의 바닥 끝까지 떨어진다.

선禪 수행이란 이런 것의 반복이다. 혼쭐이 나고, 기어오르고, 혼쭐이 나고, 다시 기어오른다. 그러는 사이 점점 기성관념과 편견이 벗기고 인간과 인간사회를 있는 그대로 보게 된다. 그러나 이것으로 끝이 아니다. 득의의 절정에 이르렀다 밑바닥으로 추락하고 다시 기어오르기를 평생 반복한다.

가만 생각하면 이렇게 나 자신을 괴롭히고, 또 다른 사람들에게 괴롭힘을 당하면서도 잘도 살아남는구나 감탄할 때가 있다. 실제로 언어폭력을 당하는 것뿐 아니라 육체적으로도 문자 그대로 몸을 가누지 못할 만큼 폭력을 당하는 경우가 있기 때문이다.

좌선을 하는 모습은 참으로 훌륭하다. 뒤에서 보면 부처님 이상으로 후광이 비친다. 그런데 이만큼 넘어지기 쉬운 자세도 또 없다. 이마를 살짝 쿡 하고 찌르면 데구루루 뒤로 자빠져버린다. 수행 중에는 이런 일을 자주 당한다. 뒤로 자빠지고, 일어난다. 또 뒤로 자빠지고, 일어난다. '내가 왜 이런 일을 당해야 하나!' 화가 나는 것은 당연하다. 그러나 상대는 절 안에서 가장 힘이 센 두세 명이고 게다가 경책을 들고 있다. 아무리 분해도 저항하면 그야말로 묵사발이 될 정도로 얻어맞을 게 뻔하다.

좌선뿐만이 아니다. 불교에 갓 입문한 신참 승려는 수행을 위해 절에 들어오는 순간부터 심하게 괴롭힘을 당한다. 우선 신참 승려가 원서와 추천장을 들고 절에 찾아온다. 절 측은 그것을 읽어보기는 하지만 일단 물리치는 것이 관례다.

"우리 절은 지금 당신을 받아줄 여유가 없습니다."

여기서 "아, 그렇습니까?" 하고 돌아가자니 이제까지 무엇을 위해 일념발기—念発起해 수행을 결심했는지 도무지 알 수 없어진다. 그래서 정원에 주저앉아버린다. 이것이 바로 '니와즈메庭詰(일본 임제종의 한 관문. 절에서 자신을 받아줄 때까지 큰절을 하는 자세로 바닥에 엎드린 채 움직이지 않는 것)'다. 그러고 있으면, 꽤 거칠어 보이는 승려 두세 명이 나와 호통을 친다.

"돌아가라고 했는데 왜 아직 꾸물대고 있는 것이냐!"

곧 손발을 붙잡혀 문밖으로 내동댕이쳐진다. 부모가 애써 지어준 승복이 찢어지고 이마에는 혹이 생긴다. 피가 흐른다. 그래도 다시 정원으로 가서 엎드린다. 다시 내동댕이쳐진다. 그렇게 이틀에서 사흘 동안 니와즈메를 계속한다.

그러는 동안 보다 못한 스님들이 몰래 밥을 주고, 밤에는 방 안으로 들이기도 하는데 그래도 표면상으로는 아직 받아들여지지 않은 손님일 뿐이다.

이틀, 사흘이 지나고 드디어 허락이 떨어지면 다음은 단과ㅂ過다. 이것은 무조건 방에서 기다리는 것으로, 달마의 면벽좌선面壁座禅을 본받아 5일간 벽과 마주 보고 있는 것이다. 그러고 나서야 간신히 '참당参堂'이라 하여 모두와 함께 좌선을 할 수 있게 된다. 이런 과정을 통해 드디어 한 사람의 수행승이 태어나는 것이다.

2월 14일과 7월 30일에는 '기단유석起單留錫(기단은 절에서 나오는 것, 유석은 절에 잔류하는 것을 뜻함)'을 행한다. 세 명의 중역이 'ㄷ' 자 모양으로 앉고, 그 중앙에 수행승이 한 사람씩 앉아 고개를 숙인다. 그러면 세 명의 중역이 손에 들고 있던 경책으로 탁, 탁, 탁 등과 어깨를 내리친다. 그러고 나서 중역 한 사람이 묻는다.

"기단인가, 유석인가."

"유석을 부탁드립니다."

"유석이라면 한마디 하겠다. 위에서도 아래서도 그대에게 많은 기대를 하고 있다. 그럼에도 그대의 평소 마음가짐은 너무나 해이

하다. 그런 마음으로 어떻게 유석을 하겠는가!"

다시 탁, 탁, 탁 등과 어깨를 내리친다. 기단이라는 것은 수행을 그만두는 것을 의미한다. 좌선을 하는 자리를 '단單'이라고 하는데 그곳에서 일어선다起는 것, 즉 도중에 그만둔다는 소리다. 그럴 때 마음을 다잡으라는 의미로 사용하는 것이 기단유석의 통봉痛棒이다. 물론 통봉으로 얻어맞는 것은 이날뿐 아니라 숱하게 많다.

그 외에도 한여름에 걸레질하기, 땡볕 더위 속에서 정원 청소와 풀 뜯기 등 그 괴로움은 이루 말할 수 없다. 하지만 힘들다고 해서 죽는 것도 아니며 싫다고 그만두지도 않는다. 아니 그만두고 싶다는 생각은 셀 수도 없이 많이 하지만 '아니야, 이대로 질 순 없다'는 새로운 기운이 솟아나니 참으로 희한한 일이다.

그저 하나의 척추뼈로 생각해라

어째서 인간은 그토록 끈질긴 것일까. 그것은 척추뼈 때문이다. 인간이라면 누구나 척추뼈를 가지고 있다. 물론 당신도 가지고 있다. 척추뼈는 배골의 말단 부분, 즉 엉덩이 뼈다. 길이 5~6센티미터의 특별할 것 없는 평범한 뼈다. 그런데 바로 이 뼈가 인간을 살게한다. 여러 가지 일을 하게 한다. 이 뼈가 빳빳하게 서 있는 한 인간에게는 생명력이 넘친다.

예를 들어 역도 선수의 폼을 보면 알 수 있다. 허리를 둥글게 구부려서, 즉 척추뼈를 수평으로 누이고 바벨을 들어 올리는 사람은 아무도 없다. 허리를 아래로 깊숙이 꺾어 척추뼈를 수직으로 세우고 바벨을 들어 올린다.

평소에는 1밀리미터도 옮길 수 없던 무거운 옷장을, 집에 불이 나자 정신없이 등에 지고 나온 아주머니가 있었다. 화재의 현장에서 상상을 초월하는 힘을 발휘한 것인데 그것은 무의식중에 허리를 펴서 척추뼈를 꼿꼿이 세웠기 때문에 가능한 일이었다. 서커스의 외줄 타기도 척추뼈가 평행을 잡아주는 것이다. 평행봉으로 밸런스를 맞추는 것이 아니다. 밥을 먹는 것도 척추뼈다. 입이 먹는 것이 아니다. 입으로 밥을 먹으려고 하면 입이 밥 쪽으로 다가가 마치 개와 같은 자세가 된다. 책을 읽는 것도 척추뼈다. 눈으로 읽으려고 하면 눈과 책이 바싹 붙어 안경을 끼지 않으면 안 된다.

좌선을 하는 것도 척추뼈에게 모든 일을 시키는 셈이다. 척추뼈가 의젓하게 앉아 하늘과 땅을 꿰뚫고 있다. 참선이란 이 외에는 아무것도 없다. 무념무상, 수족도 없고 머리도 없다. 대자연과 하나가 되어 그저 척추뼈가 있을 뿐이다. 자신을 괴롭히고 또 괴롭힘을 당하는 것 역시 실은 척추뼈가 있음을 몸으로 알고 있기 때문이다.

보통 사람은 눈과 귀가 두 개, 손과 발도 두 개씩 있는 것을 당연하다고 착각하며 살아간다. 자신에게는 지식이 있고 학문이 있다고 잘난 척을 한다. 혹은 돈이 있다고 안심하거나 돈이 없다고 슬퍼한다. 그러나 그 모든 것은 척추뼈가 없으면 다 헛된 것에 지나지 않는다. 눈과 귀를 가지고 무엇을 보고 무엇을 들었는가. 손과 발이 있어서 그것으로 무엇을 할 수 있었는가. '부자 삼대를 못 가고, 가난 삼대를 안 간다'는 속담이 진실인 까닭은 무엇인가.

몸을 가누지 못할 만큼 두들겨 맞고 몹시 지쳐도 척추뼈는 살아 있다. 척추뼈는 다행히 쓸 만한 오른팔 하나로 "좋았어, 이 오른팔 하나를 사용해야겠다"고 일을 하기 시작한다. 그런 식으로 인간을 살게 하는 것이다. 인간은 본래 무일물無一物이다. 밑바닥까지 떨어지고 나서야 비로소 자신이 가진 것에 대한 고마움을 느끼게 된다.

내일은 시합이 있다고 혹은 시험이 있다고 생각하는 것만으로 온몸이 경직되어 잠을 자려고 해도 잠을 이루지 못하고, 다음 날 잔뜩 얼어버린 탓에 제 실력의 절반도 발휘하지 못한 채 중요한 일을 그르치는 경우가 있다. 대체 왜 얼어버리는 걸까. 욕심이나 명예와 같은 쓸데없는 것에 끌려다니기 때문이다. 여기서 이기면, 여기서 합격하면 모두에게 칭찬을 받겠지 영웅이 될 수 있겠지 하는 잡념이 생기는 것이다. 주위의 기대를 받을수록 잡념은 더욱 많아진다.

전날 회사에서 엄청난 실수를 저질러 당장 오늘 모두의 눈앞에서 상사에게 망신당할 것을 염려해, 이불 속에서 눈을 뜨자마자 '아, 정말 싫다. 오늘 하루 쉬고 싶다'는 생각이 머릿속을 스쳐갈 때도 척추뼈가 말을 건다.

손가락은 만족스럽게 다섯 개씩 있고 양다리도 제대로 붙어 있고 부모님이 붙여준 이름도 있으니, 척추뼈가 이름을 부르면 기운차게 대답해야 하지 않겠는가. 끙끙거릴 것 없다. 그저 척추뼈 하나가 되어 회사에 가면 그뿐이다. 자존심도, 다른 사람의 시선도 신경 쓸 것 없다. 불벼락을 내릴 상사도 그저 하나의 척추뼈로 생각해라. 척추뼈와 척추뼈가 마주 보고 있는 것에 지나지 않는다고 말이다.

백지에서부터 다시 시작해라

어느 유명한 미국 프로 골퍼의 이야기다. 마지막 홀이었고, 남은 거리는 50센티미터에 불과했다. 퍼트만 잘 치면 그는 우승의 영예와 5만 달러의 상금을 손에 쥘 수 있었다. 평소 같았으면 50센티미터는 눈을 감고도 넣을 수 있는 거리였다. 그런데 그는 그만 실수를 하고 말았다. 당황해서 한 번 더, 이것도 실패. 그렇게 결국 챔피언의 영광과 5만 달러는 물거품이 되었다. 후에 그는 이렇게 말했다.

"그때 나는 우승 소감을 고민하고, 상금 5만 달러의 용도를 4만

9,000달러까지 생각해 놓았습니다. 그러자 갑자기 심장이 두근거리기 시작하고 나도 모르게 어깨에 힘이 들어가 버렸습니다."

잡념, 망상 같은 것은 버려야 한다. 그것들에 척추뼈로 대항해야 한다. 척추뼈는 돈도 명예도 원하지 않는다. 이렇다 저렇다 핑계도 대지 않는다. 오로지 꼿꼿이 서서 제 역할을 다할 뿐이다. 그저 갖추어져 있는 모든 걸 동원해 일을 할 뿐이다. 그 순간, 그 장소에서 최선을 다하는 것밖에 모른다. 척추뼈에는 과거도 미래도 없기 때문이다. 그런 척추뼈가 긴장해서 얼어버릴 리가 있겠는가.

한번 더 말하겠다. 몸과 머리에 찌들어 있는 여러 가지 잡념, 거만한 마음, 습관 등을 긁어내려면 자신을 괴롭히는 수밖에 없다. 그런 이유로 괴롭힘을 당하는 것이라면 얼마든지 괴롭힘을 당하는 행운을 누려도 좋다. 지금까지 진실이라고 착각하고 있던 것이 환상에 지나지 않는다는 것을 깨닫고, 자신이 100점이라고 믿었던 마음을 밑바닥부터 뒤집어엎는 것이다. 그리고 갓 태어났을 때의 백지 상태로 돌아가 거기서부터 다시 시작해야 한다.

더러운 무명천은 비비거나 두들겨 빨지 않으면 본래의 백색으로 돌아가지 않는다. 본래대로 돌아가면 그곳에 무엇이 있는가. 무명천이라면 흰색 옷감이 있고, 인간이라면 척추뼈가 있다. 거기서부터 다시 시작하는 것이다.

일찍이 중국의 중봉中峰 화상께서 스스로를 돌아보기 위해 좌우명 삼아 지은 글귀가 있다. 이것을 나도 당신도 스스로를 단련하기 위한 채찍으로 삼도록 하자.

나를 비롯해 요즘 승려들은 겉모습은 스님인데 자신을 부끄러워하는 마음이 없다. 승복을 입었으나 세속인의 사고에 물들어 있다. 입으로는 경전을 읊으며 속으로는 탐욕스러운 생각을 하고, 낮에는 명예욕을 좇고, 밤에는 자식과 애인을 그리며 애를 태운다. 겉으로는 계율을 실행하고 있다고 하면서 남몰래 그것을 어기고, 일상생활에 묻혀 출가한 몸이라는 사실을 잊고 지낸다. 편견, 망상에 사로잡혀 올곧게 살아가려는 마음을 완전히 버려버린 듯하다.

1. 불도에 뜻을 두는 마음을 굳게 하고, 견성(망념을 버리고 자신의 본래 타고난 본성을 깨닫는 것)하라.

2. 선배, 조상의 말씀을 무조건 받아들이는 것이 아니라 양철을 씹듯 반추하라.

3. 넓은 이불에 눕거나 옆에 기대는 것을 좋아하지 말고 항시 몸을 꼿꼿이 세워라.

4. 석가의 진지한 생활을 배우고, 자신의 느슨한 생활을 부끄럽게 생각하라.

5. 항시 마음을 깨끗이 하고, 더럽히지 않도록 하라.

6. 행동거지는 조용하고 엄숙하게 할 것이며 경솔한 행동은 삼가라.

7. 큰 소리로 부르지 말고, 장난에 웃지 마라.

8. 종교인이라고 하나 신자는 없어도 좋으니 다른 사람으로부터 비난받을 행동을 일절 하지 마라.

9. 폭음과 폭식은 삼가라. 수행에 방해가 된다.

인간에게 있어서 생과 사는 중요한 문제다. 그러니 시간을 아까워해라. 시간은 사람을 기다려주지 않는다. 세상에 인간으로 태어나 생명을 부여받은 자체가 귀한 것이며, 있는 그대로의 모습을 인정하는 고귀한 불법을 늘 가까이 해야 한다. 지금 필사적으로 수행에 힘쓰고, 모든 계박(번뇌, 망상, 외계의 것에 속박됨)으로부터 벗어나 '신경 쓰지 않는 마음'을 얻지 않으면 대체 언제 그것을 얻을 것인가.

5. 다툼을 신경 쓰지 않는다

: 싸우기를 주저하지 않는다

나는 인생 상담의 조언자가 아니다

많은 사람들로부터 편지가 온다. 절을 구경하러 왔다가 나의 설법을 들었던 사람들이 뭔가 고민거리가 생겨 편지를 보내오는 것이다. 그중 대부분이 가정과 직장에서 일어나는 다툼에 대한 고민이다.

엄마와 의견이 맞지 않아 자주 말다툼을 하는 딸, 사소한 일로 금방 서먹해져 사흘이고 나흘이고 서로 말을 하지 않는 부부, 이렇다 할 이유 없이 마음이 맞지 않아 서로 시기하고 미워하는 직장 동료 사이 등 그야말로 각양각색의 다툼이지만 여기에는 한 가지 공통점이 있다. '어떡해서든지 다툼에서 벗어나고 싶다', '다툼 없는 세상에서 살고 싶다'는 바람이다. 그 마음은 충분히 이해한다. 그러나 나는 이렇게 해라 저렇게 해라 같은 인생 상담은 해줄 마음이 없다.

남에게 고민을 상담하는 자체가 문제로부터 도망치는 것이다. 사람들은 상담을 하면, 어차피 해결책도 되지 못할 무의미한 해결책을 듣고 그걸로 문제가 해결될 것이라고 착각하곤 한다. 미안하지만 나는 그런 무책임한 행위에 가담하고 싶지 않다.

따라서 내 답장은 언제나 똑같다. 나에게 우는소리 하지 마라, 싸우고 또 싸우고 녹초가 될 때까지 싸워라, 열심히 부딪쳐라. 이렇게 말한다. 이렇게밖에 말할 수 없다.

사람과 사람이 다투는 것은 좋다 나쁘다 하는 문제가 아니다. 현실에 그러한 다툼이 있다는 것을 정면으로 직시해야 한다. 자신이 그 소용돌이 속에 있고, 거기서 무엇을 깨달았는지, 인간의 어떠한 모습을 봤는지 그것이 중요한 것이다.

그리고 나는 다른 사람의 다툼을 옆에서 지켜보며 이래라저래라 주제넘은 말을 할 만큼 그렇게 잘난 사람도 어리석은 사람도 아니다.

우리 집은 나를 포함해 형제가 열세 명이다. 아버지의 본처와 첩이 한 지붕 아래 살아, 열세 명의 이복형제가 한데 뒤섞여 생활했다. 상황이 이렇다 보니 그야말로 생존경쟁이었다. 멍청히 있다가는 자기 먹을 것조차 빼앗기고 마는 것이다. 만두 하나를 입에 넣고 있는 동안에도 나머지 한 손으로 또 하나의 만두를 확보해야 했다. 당연히 형제간의 다툼이 끊이지 않았다. 아버지는 빽빽거리며 시끄럽게 떠드는 아이들을 호통치느라 언제나 정신이 없었다. 거기서도 다툼이 생겨났다.

이렇듯 나는 이복형제 사이에서 치열하게 다투며 자랐다. 그 덕에 일찌감치 독립심이 생겨난 것 같다. 감자를 씻을 때는 감자끼리 서로 비비고 문지르며 더러움을 씻어내듯 마찬가지로 나는 형제 감자들 속에서 박박 닦인 것이다. 지금도 나는 형제가 많았음을 감사하고 있고, 자식은 많은 편이 좋다고 생각한다.

다툼은 반드시 사람을 강하게 만든다

사람과 사람 간의 다툼은 결코 간단히 끝나지 않는다.

나의 먼 친척뻘 되는 집에서 실제로 일어난 사건이다. 그 집은 작은 숲을 가지고 있었는데 경계선 문제로 큰 소란이 일어났다. 오랫동안 공들여 돌봐온 숲의 나무를 이웃의 사람이 베어다 내다 팔아버렸는데 그가 하는 말이 본디 그 땅의 주인은 자신이라는 것이다.

"내 땅에 있는 삼나무이니 내 맘대로 내다 판 것이다."

다툼은 먼저 문서 싸움으로 시작되었다. 엎드리면 코 닿을 데 사는 사람들끼리 우편으로 내용증명을 보냈다. 양쪽 집 아이들끼리 치고 박고 싸움을 하면 부모들까지 끼어들어 결국에는 피를 보는 소동으로 번졌다. 여기까지만 들어도 눈길을 거두고 싶어지는 이야기인데, 재판이 시작되자 양쪽 집안의 싸움은 급기야 온 동네를 두 동강 내버리고 말았다. 양쪽 집이 각각 자신에게 유리한 발언을 해줄 것 같은 증인을 세운 것이 발단이었다. 그들은 각자 모여서 속닥속닥 의논을 했다. '저 집은 저쪽 측 증인이 될 것 같다'는 소문이 돌면 그때부터는 적이나 마찬가지였다.

어제까지만 해도 아침저녁으로 인사를 나누던 이들이 길에서 만나면 서로 침을 뱉고 지나갈 만큼 분위기가 험악해졌다. 그리고 양쪽 증인의 가족들 역시 양편으로 갈리어 서로 으르렁댔다. 조용하고 평화롭던 마을이 2, 30그루의 삼나무 때문에 피 튀기는 싸움판이 된 셈이다.

이 사건은 어떤 결과가 나오든 이미 두 편으로 나뉜 마을 사람들의 마음속 응어리는 쉽게 풀리지 않는다. 남들이 보면 '그까짓 2, 30그루의 나무 정도 가지고 뭘'이라고 생각할 것이다. 하지만 당사자 입장에서 보면 그것은 몇십 년 동안 고생하며 키운 삼나무다. '고작 2, 30그루'라는 말은 차마 할 수 없을 것이다. 여름 뙤약볕 속에서 잡초를 뽑고 잔가지를 치며 애지중지 키운 삼나무다. '싸움은 싫다'며 잠자코 있을 수는 없는 노릇이다.

한편 나무를 자른 쪽에서도 할 말은 있다. 조상 대대로 지켜온 소중한 토지에 다른 사람이 맘대로 나무를 심은 것이다. 여기서 물러서면 조상들의 노고를 헛되이 하는 게 된다.

이러한 싸움이 일어난 것은 분명 불행한 일이다. 하지만 실제로 이러한 일이 일어나고 있는 게 이 세상이다. 그럴 때 어떻게 대처해야 하는가. 어떻게 해결해야 하는가. 하나의 방향을 제시하겠다.

전력을 다해 싸운 상대와는 싸움이 끝난 후 깊은 우정이 생긴다고 한다. 복싱에서도, 유도에서도 라이벌은 언젠가 친구가 된다. 그러나 어중간하게 싸우면 결국에는 어중간한 관계밖에 되지 않는다.

선禪의 세계에서도 마찬가지다. 자고 있을 때 목을 베고 싶을 만큼 달달 볶으며 괴롭히는 노사老師가 있었다. 그런데 어느 날 문득, 뭔가 깨달음을 얻기 시작한 것 같은 상쾌한 기분이 들자 그 순간 그토록 적개심을 품은 노사에게 친부모와 같은 친밀감과 존경심이 생겨났다. 이렇듯 인간은 언제까지고 한 사람을 미워하고 두려워할 수는 없는 것이다.

그런데 다툼을 피하고 다툼으로부터 도망치고 싶어 하는 사람은 이런 세계가 있다는 걸 깨닫지 못한다. 겉모습만의 평화로 생활을 속이고 있는 것이다. 이런 식의 평화는 위기 상황이 닥쳤을 때 단숨에 붕괴되고 만다.

예를 들어, 두 개의 야구 팀이 있다고 하자.

A팀은 누군가 실수를 하거나 삼진을 당해도 불평을 하는 동료가 없고, 호시탐탐 주전 선수의 자리를 노리는 자도 없기에 남들이 보기에는 팀워크가 참으로 좋아 보인다.

반면 B팀은 작은 실수에도 동료들로부터 욕설이 날아든다. 그리고 바로 후보 선수와 교체를 당한다. 후보 선수들은 주전 선수들을 따라잡기 위해 밤낮을 가리지 않고 노력한다. 당연히 주전 선수들도 멍청히 있을 수는 없다.

A와 B가 결전의 날을 맞이했을 때 과연 어느 쪽이 더 힘을 발휘할 수 있을까. 두말할 것 없이 B팀이다. 투수가 궁지에 빠졌을 때 정말로 용기를 줄 수 있는 것은 A팀 선수들이 아니라 B팀 선수들이다. 함께 단련하고 서로 다퉈왔기 때문에 진정 힘든 상황에서 똘똘 뭉쳐 실력을 발휘할 수 있는 것이다.

또 하나의 예를 들겠다. 한 등산 단체가 있다. 일정, 코스, 역할 분담 등 사전에 요란스러운 논의를 거치지 않는 단체는 상당히 위험하다. 어떻게 모두가 하나하나의 계획을 다 납득할 수 있겠는가. 우연히 날씨가 급변한다거나 사고 등의 변수가 생기고 나서 이러쿵저러쿵 떠들어봤자 이미 때는 늦었다.

회사도 마찬가지다. 직장에서 상사와 대립하는 상황을 가정해보자. 당신은 어떻게 하겠는가. 격렬한 논쟁을 벌이겠는가 아니면 상대가 상사라는 이유로 자신의 감정을 속이고 의견을 굽히겠는가. 이러한 일은 늘 당신의 인생을 따라다닐 것이다.

입에 거품을 물고 납득할 때까지 철저히 싸워라. 싸움 속에서 그 다음 단계로 나아갈 수 있는 무언가가 생겨날 것이다. 싸우지 않으면 아무것도 생겨나지 않는다. 상사와 싸우면 나중에 난처한 일이 생기지 않을까 하는 고민 따위는 하지 마라. 그런 고민은 직장에 조금도 도움되지 않는다. 물론 당신 자신에게도 도움되지 않는다.

구린내는 근원부터 제거해야 한다

'동중動中의 수행은 정중靜中의 수행보다 백천만배 뛰어나다'는 말이 있다. 머릿속에서 이렇다 저렇다 생각하는 것보다 행동하는 중에 해결하는 것이 훨씬 어렵다. 그러나 세상만사는 모두 행동으로 해결할 수밖에 없다. 그 행동이 낳은 모순은 다음 행동에 의해 해결된다. 말하고 싶은 것을 말하지 않고 가슴에 담아두면 그 자리에서는 언뜻 해결된 것 같아 보여도 결국 응어리가 남아 다시 문제가 된다.

텔레비전에서 '구린내는 그 근원부터 제거해야 한다'는 광고 문구를 봤다. 광고의 내용은 대충 이렇다. 냄새가 나서 문을 닫자 문틈 사이로 냄새가 새어 들어온다. 냄새의 근원을 알아봤더니 화장실이다. 화장실을 비닐로 덮어씌워 보지만 냄새는 비닐마저 뚫고 나온다. 결국 화장실을 깨끗이 닦고 탈취제를 놓고 나서야 기분 나쁜 냄새가 가신다.

이처럼 성가신 일, 구린내가 나는 일은 뚜껑을 덮어두는 것만으로는 해결되지 않는다. 그 원인을 찾아 해결해야 한다. 하물며 살아가는 데 가장 중요한 자신의 주장이다. 거기에 뚜껑을 덮는다면 그것을 어찌 자신의 인생이라 할 수 있겠는가.

어느 회사의 인사 부장에게서 재미있는 이야기를 들은 적이 있다. 그 회사에서는 입사 면접 때 수험자가 얼마만큼 자신의 주장을 고집하고 양보하지 않는가를 중요 포인트로 삼는다고 한다. 때문에 면접관은 계속해서 수험자의 발언에 반론을 제기하고 도발한다.

"당신은 대학에서 어떤 동아리 활동을 했습니까?"

"농구를 했습니다."

"으음, 그렇게 몇 년간 농구를 해서 자신에게 장점이 되었다고 생각하는 점이 있습니까?"

"몸이 건강해졌고 근성이랄까, 인내심이 생겼습니다."

"건강은 그렇다 쳐도, 근성이라는 건 어쩐지 전근대적인 느낌이군요. 단체 기합이나 체벌 같은 어두운 이미지가 떠오르는데요…."

"1, 2학년 때는 꽤 엄격했습니다만 지금 생각해보면 좋은 경험이었다고 생각합니다. 그런 경험이 있었기 때문에 어떤 괴로운 상황에 처해도 끝까지 노력해나갈 수 있습니다."

"하지만 지금은 괴로워도 참고 노력하는 시대가 아니지 않나요.

지금은 악착같이 일하는 것보다 자신의 사생활을 즐기려는 세태가 강한데요…."

이런 식으로 심술궂은 응답을 계속한다. 그때 "말씀을 듣고 보니 그렇군요"라며 자신의 의견을 굽히고 면접관의 말에 동조한다면 면접은 그걸로 끝이다. 채용 가능성은 없다. 회사는 주장을 끝까지 밀어붙이는지 어떤지를 일에 대한 집념으로 보고 있는 것이다. 쉽게 자신의 의견을 굽혀서는 업무를 따라가지 못할 거라는 게 회사의 생각이다. 기업은 행동형 인간을 요구하는 것이다.

다툼을 피하지 말라는 것이 이 사람 저 사람 할 것 없이 붙잡고 싸우라는 소리가 아니다. 예를 들어 술집에서 옆자리에 앉은 사람과 싸움을 해 봤자 그것은 인생에 아무 도움이 되지 않는다.

또, 시간 때우기로 적당히 이야기를 나누는 거라면 괜찮지만 사소한 일로 언쟁을 하고 결국 폭력 사건으로까지 번지는 경우가 종종 있다. 서로 쓸데없는 일에 에너지를 소비하는 것이다.

길을 걷다가 살짝 어깨가 부딪치면 "죄송합니다" 한마디만 하면 된다. 괜히 짜증이 났다고 해서 상대에게 엄한 소리를 하니 싸움으로 번지는 것이다.

"어딜 보고 걷는 거야!"

"그쪽이 먼저 나한테 부딪친 거잖아!"

이렇듯 아무 보람 없이 낭비되는 자신의 생은 아까워해라.

다툼이란 비슷비슷한 관계, 대등한 관계에 있을 때 일어나기 쉽다. 싸워봤자 아무런 의미가 없는 사람과의 싸움을 사전에 피하려면 긴장 관계를 허물어뜨려야 한다.

예를 들어 명절이나 연말에 줄 선물에 신경을 쓰는 것이다. 평범한 선물은 효과가 없다. 호화스러운 것을 주면서 상대에게 은혜를 베풀어두면 상대방도 그것에 고마움을 느껴 싸움을 하기 어려워진다. 다투고 싶지 않은 친척을 견제하는 데도 효과적인 방법이다.

어떨 때는 자식을 때리고, 어떨 때는 자식에게 얻어맞는다

가까이 지내는 만큼 더 자주 싸우게 되는 법이다. 자신과 직접 관계되어 있는 문제, 자신과 밀접한 관계에 있는 사람과는 자신의 모든 것을 다 드러내놓고 부딪칠 수 있다. 그리고 그것은 더 깊은 관계를 만드는 계기가 된다. 호순환을 낳는다. 가정에서도, 직장에서도 그렇다.

최근에 '부모 자식 간의 단절'이 흔하다. 이것은 부모가 자식의 생각을 이해하지 못해서 처음부터 대화 자체를 피하기 때문이다. 부모는 아이의 행동에 불만을 가지고 있으면서도 아무 말없이 지켜본다. 아이 역시 고지식한 부모와 싸워봤자 아무런 소용이 없을 거라 생각하고 포기해버린다. 서로 싸움을 피하는 것이다. 그러다 보면 점차 의사소통이 사라지고 골은 깊어만 간다.

그러다가 뭔가 사건이 일어나면 그제야 "우리 집도 부모 자식 간에 단절이 생겼다"며 난리를 치는 것이다. 생각해보면 별것도 아니다. 그때까지 싸우지 않은 데 따른 당연한 귀결일 뿐이다.

부모와 자식은 받은 교육도 다르고 시대도 다르다. 거기서부터 다른 인생관이 생겨나는 것은 어쩔 수 없는 일이다. 그러나 인생관이 다르다고 인생관에 대해 대화를 나눌 필요까지 없어지는 것은 아니다.

다른 사람도 아닌 부모 자식 간이다. 이보다 더 가까운 사이가 또 있겠는가. 아무리 부모와 자식이 서로를 위하는 마음이 있다 하더라도 다툼이 없는 생활이 지속되다 보면 개개의 인간으로서의 관계가 옅어질 수밖에 없다.

가정이라는 것에는 부동의 것이 없다. 절대 안정도 없다.

무엇이 가정의 형태를 만드는가. 그것은 가정을 구성하고 있는 사람들 사이의 신선한 상호 접촉이다. 그리고 신선한 상호 접촉은

'내가 이런 말을 하면 사이가 어색해지지 않을까'라는 속박이 없는 곳에서 생겨난다. 자유자재, 어떨 때는 자식에게 얻어맞고 어떨 때는 자식을 때리는 경우가 있어도 좋다. 상대를 칭찬하든 헐뜯든 하고 싶은 대로 해라.

이런 가정을 남들이 보면 "아, 정말 살벌하구나" 생각할 것이다. 반대로 풍파가 일어나지 않는 가정을 보면 "얼마나 평화로운가" 감탄할 것이다.

그러나 밖에서 보는 가정의 모습은 진짜가 아니다. 그 가정의 구성원 한 사람, 한 사람이 매일매일 생활해나가는 울고 웃고 싸우고 화해하는 그것이 바로 가정의 진짜 모습이다. 거기서 주고받는 말과 표정으로 서로의 마음을 끌어당기고 때로는 놀라게 하는 그러한 신선함이 넘쳐흐를 때 그 가정은 활기차다.

풍파를 대비하고 있는 평화로운 가정은 다 가짜다. 이것저것 여러 가지 문제를 끌어안고 있는 가정이야말로 인간이 살아가는 장소로 적합하다고 단언할 수 있다.

전에도 말했듯, 나는 열세 명의 형제들 사이에서 자랐다. 심하게 싸움을 한 적도 있고, 서로를 얼싸안고 기뻐한 적도 있다. 그런 측면에서 봤을 때 훌륭한, 활기찬 가정이었다.

가정뿐만이 아니다. 회사도 국가도 마찬가지다. 평온한 회사는 크게 성장하지 못한다. 특히 합동 출자 회사에는 무사안일 주의적인 분위기가 강하다. 있는 힘껏 부딪치지 않는다. 이런 회사는 실적이 나빠도 위기감이 없다.

국가 역시 각 정당 등 알 수 없는 무리들이 서로 시끄럽게 떠들어대니까 강한 것이다. '거국일치擧國一致'는 겉보기에는 좋지만 실은 약하다. 전쟁 시를 떠올려보면 확연히 알 수 있다. 겉모습뿐인 거국일치와 단결은 인간 한 사람, 한 사람이 막다른 처지에 몰렸을 때 순식간에 와해된다. 싸우고 또 싸워서 언제나 분쟁이 끊이지 않는 곳에서 오히려 강력한 연대감이 생겨나는 것이 인간 사회의 하나의 진실이다.

가정을 오해하지 마라. 민주주의를 오해하지 마라. 사회를 오해하지 마라. 잘해 보려다가 생기는 다툼까지 민주주의의 이름으로 차단하지 마라. 그림으로 그려놓은 듯한 가정애家庭愛의 이름으로 목을 조이지 마라.

보다 강한 마음의 연대를 믿을 것.

6. 죽고 죽이는 것을 신경 쓰지 않는다

: 어중간하게 살려두지 않는다

중이란, 생과 사를 전문으로 고민하는 직업

한번은 어느 고등학교 3학년 여학생으로부터 매우 어려운 편지를 받았다. 그 학생은 진로 문제로 고민하고 있었는데 그것 외에도 여동생이며 오빠, 학교 문제 등 여러 가지 고민을 끌어안고 있었다.

그 아이는 불안하고 걱정이 되어 견딜 수 없다고 했다. 고민을 구체적으로 보면 '사랑이란 무엇인가', '말솜씨가 없다', '사람들이 나를 좋아해주지 않는다', '세상 물정을 너무 모른다', '사람들과 잘 어울리지 못한다', '자신감이 없다' 등 이런 것이 여러 가지였다.

그 아이의 편지에 답장을 쓰려는데 이 같은 어려운 문제에 일일이 진지하게 답하려면 상당히 시간이 걸릴 것 같았다. 그렇다고 답이 늦어지면 아이에게 아무런 도움이 되지 못하기에, 내게 문제를 제공해준 이상 한 번이라도 진지하게 상대하지 않으면 안 되겠다는 생각에 조금 늦었지만 답장을 했다. 쓰다 보니 길어져 도중에 조금 난감했다. 하는 수 없이 답장의 '일부'만이라도 부쳤다. '결론을 내려서 쓰지는 못했지만 일단 읽어달라'며 답장을 쓴 것이다.

너의 질문에 가장 친절하게 대답하는 방법은 이것이다. 네가 직접 이 절로 와서 나와 간단히 인사를 나눈 후, 내가 너의 뺨을 후려치고 이어서 네가 나를 똑같이, 아니 그 이상으로 세게 후려치는 것이다. 걷어차고 걷어차이는 방법이다.

너는 손을 가지고 있다. 머리를 가지고 있다. 다리를 가지고 있다. 아버지와 어머니가 있다. 형제자매가 있다. 너의 우주, 너의 집, 작은 성이라고 할 수 있는 네 집안의 약점을 나같이 먼 시골구석에 있는 중에게 알리는 것은 너의 나약함을 강하게 만들지 못한다. 네가 가진 병력의 약점, 즉 집안의 흉허물을 여기저기 알리며 돌아다니는 꼴이 될 뿐이다. 너는 자신을 단련시키지 않고 그저 도망만 치려 하는, 회피하려고 하는 약아빠지고 게으른 인간이라는 소리다.

피곤하면 쉬는 것도 좋다. 침대에 드러누워 푹 쉬고 있는 너보고 욕할 사람은 아무도 없다. 깊게 푹 자고 나면 피로가 완전히 풀릴 것이다. 더워서 잠이 안 온다고 누워 뒹굴거리며 다른 사람들에게 투정을 부리는 것은 옳지 않다. 너뿐만 아니라 누구나, 나 역시 한평생 무거운 짐을 짊어지고 걷고 있기 때문이다. 휴식을 취할 때는 자신을 푹 쉬게 하길 바란다.

네가 어떤 편지를 보내오든 절대로 내게 폐가 되지 않는다. '사는 것'과 '죽는 것'만을 전문으로 고민하면 평생 할 수 있는 것이 바로 이 종교인이라는 직업이다.

'나도 이번 기회에 이 사람의 펀치를 한 방 먹는다면 반듯해질 수 있겠지.' 절차탁마하고 생각했다. 내 주위에도 모진 바람이 불고 있는데 너 같은 미인에게서 온 편지를 핑계 삼아 해이한 수련을 꿈꾼다. 나 역시 너 이상으로 비겁자인 것이다. 이런 나에게 너의 소중한 고민을 해결해줄 자격 같은 건 없다.

'발로 걷어차라', '세게 후려쳐라.' 네 더러운 발밑에서 발길질을 당하는 남자가 누구인지 너는 알고 있을 것이다. 승려로서 풍채도 좋은, 매일 몇천 명이나 되는 사람을 감격시키고 감동시켜 돌려보내는, 세상에서 가장 위풍당당하고 절찬받고 있는 바로 이 시대 최고의 종교인이다.

너는 자신의 위대한 힘으로 이 가면 쓴 승려를 철저하게 짓밟아 뭉갤 수 있다. 앞으로 너는 그 어떤 올바른 이론이든 잘못된 사고방식이든 그것이 무엇이든 간에 너 자신의 힘으로 지금처럼 철저하게 걷어차고 산산조각 내버릴 수 있다.

그 어떤 이론이나 사고방식보다 너의 힘은 더 세다. 너는 너의 세계 안에서 악과 자유롭게 친구가 될 수 있고, 선과도 친구가 될 수 있다.

'저 중, 잘도 속였겠다' 혹은 '저 스님은 훌륭하신 분이다. 내 고민을 말끔히 해결해주셨다.' 우리는 이 두 가지 측면으로 관계를 맺고 있다. 사람들은 우리 사이를 비난하고 멋대로 판단할 것이다. '저 녀석은 저 아이와 그렇고 그런 사이다'라고 해석할 것이다.

나의 답장을 받은 아이는 또 열심히 편지를 써서 보내왔다.
"저의 고민을 스님께서도 자신의 일처럼 고민해주셨습니다. 저도 분발할 생각입니다."

그렇다. 그 아이의 걱정과 고민이 나에게 부딪쳐온 이상 나 역시 그 걱정과 고민에 힘차게 부딪치지 않으면 안 된다.

'죽고 죽이는 것을 신경 쓰지 않는다'는 말은 다른 여러 가지 것을 죽이는 것이 아니다. 바로 자기 자신을 죽이는 것이다. 자기 안에 죽일 것이 있다. 그것을 꼼꼼하고 확실하게 봐둘 필요가 있다.

멍청히 있다가는 죽임을 당하는 세계

예전에 남전南泉 선사라는 훌륭한 화상이 있었다. 남전 선사의 절에는 많은 승려가 모여 수행을 했다. 그러던 어느 날, 승려들이 좌선을 하는 곳에 고양이 한 마리가 나타났다. 승려들은 저마다 '이 고양이는 내 고양이다', '아니다, 내 고양이다'라며 싸움을 하기 시작했다. 이를 본 남전 선사는 한 손으로 고양이를 휙 집어올려, 한 손에는 칼을 들고 승려들에게 물었다.

"대중이 제대로 된 말을 하면 고양이를 살릴 것이고 그렇지 못하면 이 고양이를 참하겠다." 이 말은 즉 '자, 누군가 말해라. 내가 납득할 만한 말을 해라. 그러면 고양이를 살릴 수 있다. 그러나 아무도 대답하지 못한다면 고양이를 죽이겠다'고 한 것이다.

많은 승려가 있었으나 아무도 대답하지 못했다. 그러자 남전 선사는 결국 고양이를 칼로 베어 죽여버렸다.

밤이 되어, 외출했던 조주趙州라는 제자가 돌아왔다. 남전 선사가 조주에게 말했다.

"오늘 당내의 승려들이 고양이를 두고 싸우고 있기에 '뭔가 말하면 이 고양이를 살릴 수 있다. 뭔가 말해라'고 했는데 결국 아무도 대답하지 않아 고양이를 죽여버렸다."

그러자 조주는 말없이 신고 있던 짚신을 벗어 머리 위에 얹고 방을 나갔다. 그것을 본 남전 선사는 이렇게 말했다.

"오늘 네가 있었더라면 고양이를 살릴 수 있었을 텐데."

만약 조주와 같이 재치 있는 승려가 있었다면 분명 고양이도 죽지 않고 살았을 것이라는 의미다.

왜 남전 선사는 고양이를 죽였을까. 왜 조주는 머리 위에 짚신을 없고 나갔을까. '고양이는 요물이다'라는 말이 있어 고양이의 저주가 두려웠던 것일까. 아니면 고양이 한두 마리의 생명과는 비교도 안 되게 중요한 무엇인가를 위해서 마땅히 베어야 했던 것일까.

이것이 퀴즈도 아니고 정답이 있을 리 없다. 그런 말을 할 시간에 당신도 조주와 같이 어서 빨리 도망을 치는 편이 좋을 것이다. 이때는 삼십육계 줄행랑을 치는 것이 제일이다.

왜일까. 자신이 죽임을 당할 것이기 때문이다. 고양이가 죽임을 당하는 것이 아니다. 남전 선사의 칼끝은 날카롭다. 동서 양당의 승려들이 "이 고양이는 우리 동당의 것이다. 아니다, 우리 서당의 것이다" 하고 티격태격 싸움을 하는 것을 보고 남전 선사는 바로 그 양쪽을 다 죽인 것이다. '시끄럽게 떠들면 양쪽 다 죽여주마'라고 한 것이다. 고양이를 죽이려고 한 것이 아니다. '우물쭈물하면 너희를 죽이겠다'고 한 것이다. 그게 보이지 않으면 안 된다.

당신도 남전 선사가 고양이를 죽이는 걸 가만히 지켜보고 있을 것인가. 그러다가는 칼에 찔릴 것이다. 그러니 '삼십육계 줄행랑이 제일'이란 소리다. 도망치는 것과는 다르다. 그것이 내 대답이다.

남전 선사의 손에는 분명 목숨이 들려 있는데 모두 자기 목숨은 제대로 보지 못한 것이다. 고양이라든지 다른 데 정신이 팔려 있었던 것이다. 그것을 남전 선사는 "자기 분수도 모르는 인생 도적놈,

정신 나간 놈!" 하고 대신에 고양이를 벤 것이다.

나 같아도 "난 그런 거 몰라" 하며 재빨리 도망갈 것이다. 멍청히 있다가는 나도 죽임을 당할 것이 분명하기 때문이다. 그만큼 남전 선사의 칼날은 날카로운 것이었다.

남전 선사는 죽이는 데 매우 익숙한 사람이었다. 옛 선종 승려들은 '죽이는 데 익숙해' 있었다. 죽이는 것은 아무렇지 않은 일이었다. 고양이뿐 아니라 멍청히 있는 자, 진정 자기를 알아채지 못하는 자 모두를 죽일 정도로 엄격했다. 죽이는 것이 일상이었던 셈이다.

"죽으라는 거지." 사람들은 곧잘 이런 말을 한다. 이러한 경우는 여러 가지가 있다. 돈이 전부인 사람에게서 돈을 빼앗고, 지위와 명예가 있는 사람에게 지위를 빼앗으면 그건 곧 죽음으로 이어진다. 상대의 인격을 부정하고, 자신감을 빼앗고, 다시 일어서지 못하도록 철저히 짓밟는 것 또한 죽이는 것과 마찬가지다.

나는 이런 말을 들은 적이 있다.

"너의 선은 계산적인 선이 아니냐. 너무 이치에 맞는 말만 한다."

"행함이 없다. 이론만 앞선다."

100명 중 99명이 나의 선을 인정해주었지만 마지막 한 명은 이렇게 말했다. 단 한 사람에게 이 말을 들었을 때 나는 단애절벽으로 내몰린 심정이었다. 그래서 죽자 사자 노력했다. 나의 선을 가차 없이 깎아내린 사람은 나를 죽이고 또 나를 살렸다. '죽고 죽이는 것을 신경 쓰지 않는다'라는 게 바로 이것이다. 사람을 죽이고 사람을 살린다.

철저하게 죽인다

다쿠앙澤庵 선사가 검의 달인 야규 타지마노카미柳生但馬守에게 검선일여劍禪一如를 설한 책이 《부동지신묘록不動智神妙錄》이다. 이 책에서 다쿠앙 선사는 검의 오의를 통해 인간이 어떻게 죽고 어떻게 사는지를 이야기한다.

"그것을 통달한 사람은 칼을 이용해 사람을 죽이지 않고 사람을 살린다. 죽일 필요가 있으면 바로 죽이고 살릴 필요가 있으면 바로 살린다. 죽이는 것도 생각대로, 살리는 것도 생각대로 할 수 있다."

죽이는 것을 진심으로 의식하고 있는 사람 앞에 서면 몸과 마음이 두려움으로 꼼짝할 수 없고 죽은 사람과 마찬가지가 된다. 따라서 상대를 죽인다는 의미도 사라진다. 그런 이를 고수라 하는 것이다. 고수는 살리는 것도 죽이는 것도 생각대로다. 다른 사람을 죽이고 자기 자신을 죽임으로써 다른 사람을 살리고 또 자신도 살린다.

절에 살면 여름철 모기 때문에 너무 괴롭다. 모기가 날아와 따끔 문다. 나는 모기가 정말 싫다. 아버지 어머니께서 애써 만들어주신 내 소중한 피를 슬쩍하려는 것이 얄밉다. 그런데 이 모기는 움직임이 하도 잽싸서 좀처럼 잡을 수가 없다.

'신경 쓰지 않는다, 신경 쓰지 않는다.'

가능하면 마음을 빼앗기지 않으려고 한다. 모기가 따끔따끔 물어도 웬만하면 참는다. 피가 빨리고 있는데도 전혀 신경이 쓰이지 않는다고 하면 그건 거짓말이다. '신경 쓰지 않는 마음'은 참는 것이 아니다. 근본적으로 해결하는 것이다. 모기에 여러 번 물렸다고 마음을 빼앗겨서는 어떤 일도 이룰 수 없다. 모기가 날아오면 그냥 몸에 머물게 하고, 피를 빨고 움직임이 느려졌을 때 탁 쳐서 죽인다. 철저하게 죽인다. 재기 불능 상태로 만드는 것이다.

요즘 매스컴에서는 회사와 가정 내의 세대 간 단절에 대해 떠든다. 뭔가를 말할 때 부하의 안색을 살피는 상사와, 자식들 눈치를 보며 말하는 아버지들이 늘었다고 한다. 정말 말도 안 되는 소리다.

상대의 눈을 응시하며 철저하고 지독하게 호통치는 진지함이 없으면 누구도 죽이지 못한다. 다른 사람 위에 서는 리더, 핵심 인물이 되려면 우선 자신부터 죽여야 한다. 완전히 죽이지 못하면 온전하게 살 수 없다. 완전히 죽이지 못하면 온전하게 살릴 수도 없다.

7. 권력을 신경 쓰지 않는다

: 위치는 중요하지 않다

권력에 달려들다

선종 수행 규칙의 창시자라고 불리는 백장百丈 선사에게 어느 날 한 명의 제자가 찾아와서 물었다.

"세상에서 가장 기특한 일은 무엇입니까?"

백장 선사는 태연하게 답했다.

"독좌대웅봉獨坐大雄峰(홀로 대웅봉에 앉는다. 어떠냐, 기특하지 않느냐.)"

순간, 의미를 몰라 멍하니 있던 제자도 여간내기가 아닌지라 무릎을 꿇고 절을 올렸다.

"고맙습니다."

그러자 백장 선사는 아무 말없이 경책으로 그를 내리쳤다.

이것은 '독좌대웅봉'이라고 하는 선화다. 이 이야기를 읽고 무엇을 느꼈는가. 백장 선사의 행동이 터무니없다는 생각이 들었다면 당신은 상당히 융통성이 없고, 다소 권위적인 사람이다. 당신이 납득할 만한 이야기를 하나 더 소개하겠다.

에도시대 가고시마에 무상無三이라는 선승이 있었다. 무상 화상은 본디 빈농의 자식이었으나 무사 집안에 양자로 들어가 나중에 커서 선승이 되었다. 그리고 엄격한 수행과 학문을 쌓아 후에는 영주의 보리사의 주지까지 맡는 출세를 하게 되었다.

봉건시대였던 당시에는 사농공상의 신분제도가 엄격했고 성씨,

가문이 항상 그 사람을 따라다녔다. 그런데 보리사의 주지가 되면 영주와 대등한 입장으로 발언을 할 수 있었으니 이것은 번藩의 무사들의 비위를 거스르는 일이었다. 그들은 겉으로는 무상 화상에게 고개를 숙였지만 속으로는 '고작 하층 농민 주제에!'라며 불쾌해했다.

그러던 어느 날, 결국 이런 감정이 폭발하고 말았다. 주군과 무상 화상을 상석에 앉히고 연회가 열리던 날, 술에 만취한 한 명의 가로(영주의 으뜸 가신)가 화상 앞으로 걸어나가 소리쳤다.

"이 천한 농사꾼아!"

아무리 술에 취했다고는 하나 너무나 무례한 이 행동에 주군을 비롯한 일동은 깜짝 놀라 숨을 죽였다. 그런데 당사자인 무상 화상은 천연덕스럽게 그 취한으로부터 술을 받으며 조용히 웃으며 대답했다.

"이 몸은 진흙 속에 핀 연꽃이오."

그 한마디로 긴장감이 감돌던 분위기가 누그러지고 좌중들은 다시 즐겁게 연회를 즐길 수 있었다. 그리고 그날 이후 무상 화상을 존경하는 사람이 더 늘었다고 한다.

술의 힘을 빌려 상사에게 달려드는 이런 광경을 우리는 일상에서 곧잘 보게 된다. 그러나 오늘날의 겁쟁이들이 당당하게 상사에게 대들 수나 있을지 잘 모르겠다. 기껏 닭꼬치나 먹으면서 동료에게 푸념을 늘어놓는 것이 고작일 것이다. 그런 의미에서 본다면 무상 화상의 침착함도 대단하지만 취한 가로의 용기도 대단하다고 할 수 있겠다.

권력에 끌려다니는 사람들

인간이란 권력에 약한 것이 당연하다. 어느 광고 회사에는 '우리 회사에서 돌을 던지면 ○○장이 맞는다'는 말이 나올 정도로 과장, 부장 등 '무슨 장'이 많다. 그만큼의 실력이 있기 때문에 장이 많은 것이 아니라 명함에 '장'이라는 글자가 없으면 광고주에게 광고를 따러 갔을 때 무시를 당하기 때문이다. 허울뿐인 직함이라도 어찌 했든 '장'자만 붙으면 어쩐지 대단해 보인다는 것이 요즘 실정이다.

자신의 이름을 댈 때도 그렇다. 부모님이 지어주신 이름 외에 회 사명과 직함을 붙이지 않으면 사람들이 무시하지 않을까 불안해하는 사람들이 많다. 유명 회사에 다닐수록 더하다.

사실 그곳에는 ○○회사 ××부장이 있는 것이 아니라 그 직함을 가진 사람이 있을 뿐이다. 몸뚱이 하나, 그 밖에 또 무엇이 있단 말 인가. 권력을 휘두르는 쪽도 그것에 엎드려 절하는 쪽도 권력에 이 리저리 끌려다니기는 매한가지다.

인간은 왜 권력을 중시하는 것일까. 대체 권력에 저항하면 어떻게 되는 것일까. 그 이유는 한마디로 권력에 복종해서 살아가면 안정되고 평화로운 일상이 약속되기 때문이다.

'웬만한 힘으로는 권력을 휘두르는 자를 꺾을 수 없다. 어쩌면 평생을 헛되이 하게 될지도 모른다.'

이런 생각은 살면 살수록, 권력에 괴롭힘을 당하면 당할수록 강해지는 법이다. 게다가 요즘처럼 온화한 표면 속에 어쩐지 정체 모를 불안한 움직임이 감추어져 있는 세상이라면 자신보다 더 강한 자에게 순종하는 처세가 무난할 것이다. 어설프게 상사에게 대들다가 한직으로 쫓겨나 마누라와 자식들을 울리는 것보다 "맞습니다, 지당하신 말씀입니다" 하고 납작 엎드려 과장 자리가 굴러 들어오기를 기다리는 편이 낫다.

물론 휴일 오후에 텔레비전을 보다가 문득 '한세상, 이렇게 살다가도 되나'라는 비애가 머릿속을 스치고 지날 때도 있을 것이다. 그러나 아이의 울음소리가 들림과 동시에 '아니다, 이걸로 되었다' 하고 포기하는 것이 이 시대 사람들의 시니컬한 삶의 태도다.

나는 결코 그것이 나쁘다고 생각하지 않는다. 하지만 '천하를 호령하는, 뭐 그리 요란스러운 삶까지는 아니더라도 적어도 지금보다 좀 더 나은 삶을 살 수는 없을까' 하고 생각하는 사람이 있다면 이 책을 계속해서 읽어주길 바란다.

　스모 대회를 본 적이 있는가. 최근에는 천하장사급인 요코즈나와 요코즈나 바로 아래 등급인 오제키가 약해져 별 재미가 없는데, 작은 체격으로 거구의 남자를 쓰러뜨리는 그 통쾌함은 스모가 아니고서는 맛볼 수 없다. 모든 스포츠 중에 스모만큼 프로와 아마추어의 차이가 큰 스포츠는 없다고 한다. 아마추어와 제일 낮은 등급의 스모 선수들에게 있어 요코즈나와 오제키는 구름 위의 사람일 것이다.

　언젠가 나는 1군인 마쿠우치와 2군인 주료 사이를 왔다 갔다 하는 어느 중견 선수와 이야기를 나눈 적이 있다. 그는 소심한 남자로, 실력은 있지만 막상 대회에 나가면 실력 발휘를 제대로 못해 늘 기대에 못 미치는 순위에 만족해야 했다. 그의 성격을 여실히 말해주는 것은, 상대가 누구냐에 따라 잘하고 못하고가 달라진다는 점이다. 그는 자신보다 하위 등급의 선수에게는 지는 경우가 거의 없었으나 상위 등급의 선수에게는 이기는 경우가 거의 없었다.

　선배를 비롯해 주변 사람들로부터 나약한 정신력을 지적받아 스스로도 그것을 극복하고자 노력했지만 막상 씨름판 위에서 상대 선수가 자신을 노려보면 금세 위축되었다. 그랬던 그가 어느 날, 요코즈나를 보기 좋게 내던졌다. 텔레비전으로 경기를 보던 나는 아연실색했다. 게다가 그가 다음 경기에서도, 그다음 경기에서도 당당히 요코즈나를 쓰러뜨리는 것을 보고 나는 내 눈을 의심했다.

한참 지난 후에야 나는 그와 만나 실로 엉뚱한 사연을 들을 수 있었다. 나는 그 이야기를 듣고 이내 '아아, 그랬구나' 하고 납득했다. 내용을 요약하자면 다음과 같다.

큰 대회를 마치고 지방 순회 경기를 간 어느 날, 그는 리허설을 마치고 친한 친구가 있는 기숙사를 방문했다. 실컷 이야기를 나누고 큰 홀로 나가자 천하제일의 요코즈나가 한창 낮잠을 즐기고 있었다. 한여름이었기 때문에 문하생들에게 부채질을 시켜놓고 코를 크게 골며 자고 있었다. 스모 선수다 보니 옷을 안 입고 있는 것은 당연했지만 그날따라 평소에 하던 스모 샅바가 아니라 속옷을 입고 있었다.

원래 스모 선수들 중에는 짓궂은 녀석들이 많다. 그의 친구는 몹시 신난다는 듯한 표정으로 말했다.

"이봐, 재밌는 구경거리 시켜줄까?"

그는 친구가 무엇을 하려는 것인지 도무지 짐작조차 가지 않았다. 그런데 친구가 요코즈나의 곁으로 다가가 그의 훈도시에 조심조심 손을 대는 것이 아닌가. 그 순간 훈도시 사이로 보이는 요코즈나의 그 물건이란, 실로 엄청 작은, 정말 작은 고추에 털이 살짝 나 있는 정도였다. 그는 친구의 대담함에 놀라기도 했지만 그 광경이 너무나 우스워서 배를 잡고 자지러지게 웃었다.

평소에 그토록 강해 보인, 존경해 마지않던 요코즈나에게 너무나도 어울리지 않는 물건이었다. 웃으면서 그는 요코즈나에 대한 친근감을 느꼈다고 한다. 눈만 마주쳐도 기가 죽을 만큼 두려운 존재였던 요코즈나도 결국 자신과 같은 인간이구나 하는 생각이 들어 기분이 개운해졌다고 한다.

어느 위치에 있는가는 중요하지 않다

다이토쿠사를 처음 세운 다이토 국사에게 이런 에피소드가 있다.

고다이고 천황이 다이토 국사와 회견을 갖게 되었다. 보통은 천황이라는 말만 들어도 몸 둘 바를 몰라 하거나 혹은 반대로 권력 같은 것은 안중에도 없다는 듯 어깨에 힘을 주기 마련이다. 그런데 다이토 국사는 평상시와 전혀 다를 바 없이 궁궐로 가서는 기가 꺾인 기색도 없이 담담하게 천황과 마주 보고 앉았다. 그 모습을 본 천황은 자신도 모르게 경탄했다.

"불법王法 불가사의, 왕법佛法과 대좌하다.' 불법이라는 것은 불가사의한 힘을 가지고 있구나. 이렇게 천황인 나와 완전히 대등하게 마주 보고 있다니."

그 말을 들은 다이토 대사는 뭐라고 대답했을까.

"'왕법 불가사의, 불법과 대좌하다.' 아니, 왕법이야말로 불가사
의합니다. 이렇게 당당하게 불법과 대좌하고 있으니 말입니다."

다이토 국사가 말하려고 한 것은 어느 쪽이 위이고 아래인지, 어
느 쪽이 더 위대하고 그렇지 않은지가 아니다. 불법을 닦으려고 진
지하게 임하고 있는 자와, 나라를 다스리기 위해 열심히 노력하고
있는 천황은 그 진지함에 있어 대등하다는 것이다.

'대좌하다'란, 정면으로 부딪친다는 소리다. 거기에는 '가르치다'
라든지 '배우다'라는 식의 관계는 존재하지 않는다. 그저 대등하게
맞설 뿐이다. 선과 악이라는 구별조차 없다. 필사적으로 열심히 나
쁜 짓을 행하고 있는 사람과, 필사적으로 열심히 선행을 하고 있는
사람은 그 열심히 하는 정도에 있어서는 대등한 것이다.

나에게 자주 찾아오는 신도 중에 어느 대기업의 중견 간부가 있
다. 그는 부하직원들로부터 매우 신망 받는 사람이었다. 그가 어떤
식으로 일을 하는지는 나도 잘 알고 있었다. 그는 평소에 늘 이렇게
말했다.

"스님, 부장이든 과장이든 이렇게 '장'이 붙는 이름은 '그러한 기

능을 한다'는 의미밖에 없다고 생각합니다. 저는 모든 일을 결정하는 역할을 맡고 있고 그걸 열심히 합니다. 부하직원들은 회사의 제품을 파는 역할을 맡고 있고 그걸 열심히 합니다. 그러니까 위도 아래도 없는 것이 당연하지요."

그가 말하는 기능을 내 방식으로 풀어 설명하자면, 그건 활동이다. '장'이라는 이름은 주어진 권한 범위 내에서 모든 일을 결정하고 방침을 세우는 활동을 하는 것이다. 그 활동을 얼마만큼 열심히 하느냐가 문제이지 위아래의 문제는 아니다. 이것은 매우 합리적인 사고방식이다. 그렇기 때문에 일도 잘되고 부하직원들로부터 신뢰를 받는 것이다.

있지도 않은 권력을 가지고 부하직원들에게 으스대며 '모든 공로는 자신의 것, 실패의 책임은 부하직원들의 몫'이라는 식으로 일하는 '장'은 언젠가 세상에서 사라질 수밖에 없다. 그것이 세상의 이치다. 그런데도 대체 뭘 어떻게 오해하고 있는지 어떤 이들은 이름에 '장'이 붙으면 그만큼 자신이 다른 사람과는 다른 힘을 가진 존재라고 착각한다. 그런 사람들은 위태위태한 상태라고 할 수 있다.

백장 선사의 '독좌대웅봉'이라는 말에는 '나는 여기에, 떡하니 앉아 있다. 기특한 일이다'라는 의미가 들어 있다. 가치 있는 것은 지위, 형태와 상관없이 자기 자신이 '여기에 있다'는 사실뿐이라는 뜻이다. 신과 부처, 이 세상의 진리 같은 것은 조금도 기특하지 않으니 그런 기성 가치관에 사로잡히지 말라고 말하고 있다.

무상 화상의 '이 몸은 진흙 속에 핀 연꽃'이라는 말도, 세상 사람이 말하는 명예와 지위, 가문 따위는 진흙과 별다를 바 없는 가치를 지닌다는 의미인 것이다.

"나는 예전부터 이미 그렇게 살고 있는걸."

이렇게 말하는 사람도 있을 것이다. 히피족만 해도 그렇다. 하지만 여기서 말하고 있는 것은 단순히 분위기만 흉내 내는 히피족의 삶이 아니다. 또한 무턱대고 자기 멋대로 행동하고, 모든 가치를 부정하는 것이 권력에 굴하지 않는 삶의 방식이라고 착각하면 곤란하다. 그러면 당신 자신의 생명만 좀먹을 뿐이다.

권력을 인정하지 않는다는 것은 일부러 상사 앞에서 하품을 한다거나, 거래처에 슬리퍼를 신고 가는 등의 하찮은 행동이 아니다. 그런 것은 그저 겉모습에만 사로잡힌 삶의 방식이며, 권력에 대한 콤플렉스에 지나지 않는다.

'사람과 사람은 대등하다. 이 세상에 권력 따위는 없다'는 말에서의 '대등함'이란, '얼마나 열심히 하고 있는가'라는 단지 그 하나의 관점에서만 대등한 것이다. 그런 의미에서 나는 아직도 많이 부족한 탓에 석가모니의 노력하는 삶을 본받으려고 한다. 어제보다 오늘을, 오늘보다 내일을 더 열심히 노력할 것이다. 그것이 내 인생의 전부라고 생각한다.

8. 빼앗고 빼앗기는 것을 신경 쓰지 않는다

: 가지고 싶은 것에 솔직해지는 마음

주고 빼앗는 것을 자유자재로 하다

나의 스승인 칸세 화상은 아이들을 매우 좋아하고 귀여워했다. 아이들 역시 "아저씨, 아저씨." 하며 잘 따랐다.

어느 날, 칸세 화상이 남자아이에게 말했다.

"정말 귀여운 아이구나. 이렇게 귀여운 아이의 고추는 또 얼마나 귀여울까. 이 아저씨, 네 고추가 갖고 싶은데 어쩌지. 요놈의 고추, 확 따버릴까. 그래, 따버려야겠다. 자, 봐라. 땄다, 땄어!"

그러자 주변에 있던 어른들이 입을 모아 놀려댔다.

"우아, 큰일이네. 고추가 떨어지면 큰일인데!"

남자아이는 깜짝 놀라서 울음 섞인 목소리로 외쳤다.

"아저씨, 돌려주세요. 돌려주세요!"

주변 어른도 다 함께 "어서 돌려줘요." 하고 애원했다.

"에이, 그럼 돌려줄까. 자, 봐라. 돌려줬지."

남자아이는 기쁜 듯 활짝 웃으며 말했다.

"아저씨, 고맙습니다."

이 아이는 매우 어린 유아였다.

나의 딸아이가 초등학교 1학년 때의 일이다. 하루는 아이가 아침에 잠이 덜 깬 눈으로 말했다.

"나, 발가락 다쳤어."

내가 놀란 표정으로 말했다.

"큰일이다, 발가락이 4개밖에 없네. 어떻게 된 거지?"

그러자 아이는 "어떡해." 하며 자기 발가락을 살펴보기 시작했다. 그리고는 안심한 듯 말했다.

"뭐야, 5개 다 있잖아."

그때 칸세 화상이 내 딸아이에게 이렇게 말하고는 재빨리 일어나서 나가버렸다.

"아이고, 가여워라. 그렇다면 내가 1개 보태주마. 나는 발가락이 6개란다."

아이는 자신의 발을 가만히 바라보고 있었다.

아이를 깜짝 놀라게도 하고, 불안하게도 하고, 또 안심하게도 하는 칸세 화상을 보고 그저 장난을 좋아하는 스님이라고 생각할지도 모르겠다. 하지만 그런 것이 아니다. 이렇듯 자유자재로 타인을 불안하게 했다가 다시 그 불안을 안심으로 바꿔놓을 수 있는 것을 선에서는 '여탈자재與奪自在(주고 빼앗는 것을 자유자재로 한다는 뜻)'라고 한다. 아이의 마음은 자유자재로 칸세 화상에게 끌려다니며 기뻐했다가 슬퍼했다가 한다.

어린아이에게 있어 화상이라는 존재는 절대적인 힘의 소유자다.

아이는 화상을 하늘처럼 믿고 있다. 그렇기 때문에 화상의 말 한마디, 한마디가 아이의 마음을 흔들흔들 동요시킬 수 있는 것이다. 주변에 있던 어른들도 다 함께 "우아, 큰일이다"라며 그런 분위기를 만들어주게 되면 아이는 완전히 자기 자신을 잃고 마음을 빼앗기고 만다.

그런데 내 딸아이의 경우에는 나와의 관계가 있기 때문에 처음 남자아이와는 사정이 약간 다르다. 상대는 절의 스님이 아니라 자신의 아버지인 것이다. 매일같이 가까이에서 얼굴을 마주 대하고 있기 때문에 승복이 가지는 권위라든지 마법, 신기한 불법의 힘 같은 것은 거의 느끼지 않는다.

그런데 우리 아이의 경우에는 아침에 막 일어난 직후였던 것이 문제였다. 아직 잠이 덜 깬 상태였다. 그럴 때 '발가락이 4개밖에 없다'는 말을 들으면 순간 깜짝 놀라 울적하던 기분마저 싹 날아가는 것이다. '발가락을 다쳤다'는 좋지 않은 기억도 이런 일을 통해 유쾌해질 수 있다. 그리고는 기분이 풀려서 "뭐야, 제대로 5개 다 있잖아"라고 스스로 발견하게 된다. 활기차게 되는 것이다.

이렇게 초등학교 1학년 아이의 불쾌했던 기분은 2명의 어른을 통과하면서 완전히 빼앗겼다가 다시 부여받았다가 한다. 이것이 바로 '여탈자재'다.

부딪침이 서로를 살린다

그런데 화상이라는 지위, 권력, 마력은 '여탈자재'와 별로 관계가 없다. 여기서 꼭 알아두어야 하는 것은, 칸세 화상은 아이들을 매우 좋아해서 조금 전의 남자아이와 잘 융합될 수 있었다는 점이다. 두 사람이 초면이었다면 그렇게 되지 못했을 것이다.

나와 우리 딸아이도 마찬가지다. 평소에 매일 얼굴을 마주하는 사이가 아니었다면 마음은 융합되지 못했을 것이다. '아빠는 내 기분을 전혀 들어주지 않는다'고 아이가 생각해버리면 모든 게 끝장이다. 부모가 "어디, 어디?" 하고 나오니까 서로 융합될 수 있는 것이다. 그런 관계이기 때문에 "앗, 발가락이 4개밖에 없다"고 말했을 때 아이는 깜짝 놀라는 것이다. 이처럼 상대와 융합되고 하나가 되는 것이 '여탈자재'의 첫걸음이다.

또한 중요한 것은 칸세 화상도 나도 똑똑히 정신을 차리고 있었다는 점이다. 그리고 꼿꼿한 다쿠앙 화상처럼 상대를 죽일 작정이 되는 것, 곧 죽일 작정으로 달려드니까 주는 것도 빼앗는 것도 자유자재가 될 수 있는 것이다.

어른과 아이의 관계뿐만 아니라 그 어떤 관계에서도 마찬가지다. 멍청히 있다가는 꼿꼿한 사람에게 자유자재로 휘둘리게 된다. 고추와 발가락 1개를 잃는 것 정도로 끝나지 않는다. 간덩이가 끄집어내져서 다시는 일어설 수 없게 된다. 학교에서도 직장에서도 경기장에서도 마찬가지다.

"지금 여기서 열심히 하지 않으면 언제 열심히 할 것인가."

내가 항상 나 자신에게 이렇게 타이르는 것도 꼿꼿한 사람이 되기 위해 몰아붙이는 것이다. 꼿꼿한 사람이 이긴다. 꼭두각시 인형이 될 것인가, 인형의 조종자가 될 것인가. 커다란 갈림길은 여기에 있다.

예를 들어 학교에서 선생님이 학생들에게 말한다.

"이해한 사람은 손을 들어라."

학생들은 "네." 하고 손을 든다. "네." 하고 손을 든다는 것은 어떤 의미일까. 선생님의 질문에 대답을 한 것이다. 거기서 조금 더 깊이 생각해보자.

"네." 하고 큰 소리로 대답하며 손을 올리는 것은 선생님의 '질문'을 빼앗아버리는 것이다. 자신의 것으로 만들어버리려는 의욕이다. 대답이 틀렸으면 거기서 반성하고 다시 한번 선생님의 '질문'에 정면으로 맞선다. 그렇기 때문에 선생님도 "네." 하며 기세 좋게 손을 들어 올린 학생들에게 힘차게 다가선다. 거기에 학생들은 전력을 다해 부딪쳐 선생님이 가지고 있는 것을 빼앗는 것이다.

여기에는 가르치는 사람과 배우는 사람의 절차탁마가 있다. 학생들이 멍하게 있으면 선생님을 이길 수 없으며, 선생님이 멍하게 있으면 학생들에게 모든 것을 빼앗겨버린다. 꼭두각시 인형이 되는 것이다.

학생들에게 우열은 없다. 하지만 동등하지도 않다. 마찬가지로 손을 드는 것만 해도 선생님에게 열심히 부딪치는 학생과 그렇지 않은 학생으로 자연히 나뉠 수밖에 없다. 수학 시간에는 수학에, 영어 시간에는 영어에 최선을 다해야 한다. 뭐든지 흡수하고자 온 신경을 집중시켜야 한다. 그렇게 하면 선생님도 수업을 대충 할 수 없다.

이러한 부딪침이 서로를 살린다. '질문'을 빼앗은 이상 그것에 대답하기 위해 노력한다. 그렇게 노력해서 뺏고, 빼앗긴 것은 살릴 수 있다. 한편 빼앗긴 자는 앞으로 더 나아가려고 노력한다. 이렇게 '살殺'과 '탈奪'은 상대에게 새로운 것에 대한 의욕과 에너지를 주는 것이다.

살아 있는 사람의 본래 모습이란 이런 것이다.

"끈질기게 물고 늘어져주마."

"나도 마찬가지다."

번뜩이는 영혼의 부딪침이다.

'아무래도 이런 건 내 성격에 맞지 않아.', '느긋하게 살자.' 하는 거드름은 죽은 사람에게 맡겨두자. 거드름을 피우다가는 언제 누구에게 약점 잡힐지 모른다. 일본 속담 중에 '사람을 보면 도둑이라고 생각해라'라는 말이 있는데, 나는 '사람을 보면 살인자라고 생각해라'라고 말하고 싶다.

메이지 시대 말에서 다이쇼 시대 초반 무렵, 쇼코쿠지에 도쿠상獨山이라는 화상이 있었다.

어느 날 밤, 도쿠상 화상이 이불 속에 누워 있는데 천장에서 쥐가 바스락바스락 소리를 내며 움직였다. 그러자 화상은 "음!" 하고 기합을 넣었다. 잠시 후 천장 위를 가보자 쥐가 바둥거리며 죽어가고 있었다고 한다.

믿을 수 없는 이야기일 것이다. 하지만 거짓은 없다. 그렇다면 그 비법은 뭘까. 쉽게 말해서 죽이고자 하는 쥐와 호흡을 함께 하는 것이다. 내뱉는 숨도 들이마시는 숨도 쥐에게 정확히 맞춘다. 쥐와 하나가 되는 것이다. 하나가 된 시점에서 갑자기 숨을 확 틀어버린다. 자신의 호흡을 흐트러뜨리는 것이다. 그러면 쥐의 호흡도 흐트러진다. 쥐의 생명과 하나가 되어 그 마음을 빼앗는 것이다. '여탈자재'다.

선禪에 '지는 것이 이기는 것이다'라는 말이 있다. 아무도 그 밑바닥에 있는 무서운 작용에 대해서는 알지 못한다. 모르니까 그렇게 아무렇지도 않게 사용하고 있는 것이다. 하지만 그 말의 진짜 의미는 도쿠상 화상이 쥐를 죽인 것과 같은 것이다.

꼭두각시 인형이 될 것인가, 인형의 조종자가 될 것인가

인간은 누구나 숨 쉬며 살고 있다. 당연한 일이다. 그런데 이 당연한 것이 가장 중요한 것이다. 숨 쉬는 것이란 호흡 즉 내쉬는 숨과 마시는 숨, 빼앗는 것과 주는 것이다. 매일매일 숨을 들이마시고 내쉬고 그것을 반복하며 살고 있다. 건강할 때는 그것을 의식하지 못한다. 만약 병에 걸리면 어떨까. 숨을 쉬는 것조차 생각대로 되지 않는다. 하지만 그래도 어떻게든 숨을 들이마시고 내쉬려고 발버둥친다. 건강해져야지, 건강해져야지 하고 몸이 요구하는 것이다.

조체調体, 조식調息, 조심調心이란 말이 있다. 몸을 다스리는 조체와 숨을 다스리는 조식이 잘못되면 마음이고 뭐고 없다. 그렇게 되면 '신경 쓰지 않는 마음'을 말할 처지가 아니다. 무엇보다 건강이 최고다. 그리고 인간은 본래 무의식중에 건강해져야지, 강해져야지 하고 계속 원하고 있다. 그렇기 때문에 밥을 먹고 운동을 하고 변소에도 가는 것이다. 항상 그것을 중시해야 한다. 필요한 것이 있다면 무슨 수를 써서라도 가지도록 하자. 더욱 강해지자.

현대의 비즈니스 사회에서는 '탈샐러리맨'이라든지 '독불장군'이란 말이 유행하고 있다. 그러나 인간은 누구든 제아무리 실력이 있다 해도 혼자서 일할 수는 없는 법이다. 또한 아무리 정비가 잘되어 있는 조직에 배속된다 하더라도 어차피 한 사람, 한 사람의 개개인이다. 중요한 것은 혼자 있느냐 둘이 있느냐가 아니다. 하나하나의 일에 열심히 부딪치고 있느냐, 반듯하게 살고 있느냐 하는 것이다.

예를 들어 책상을 나란히 하고 있는 라이벌 관계의 사원이 있다고 치자. 둘은 분명 사내에서는 라이벌이자 적군과 아군 관계이지만, 만약 밖에서 외부 사람을 상대해야 할 경우에는 상황이 변한다. 그 둘은 단단히 결속되어 아군 관계가 되어야 한다. 공통의 적을 쓰러뜨리기 위해서는 서로 힘을 최대한으로 발휘해야 한다. 즉, '여與'가 필요하다.

그리고 두 사람이 다시 회사로 돌아오면 '여與'와 동시에 '탈奪'이 기다리고 있다. 진정으로 자신을 강하게 만들고 성장시키고 싶다면 흡수할 수 있는 것은 뭐든지 흡수하려고 노력해야 한다. 설령 라이벌의 아이디어라 해도 필요하다면 가차 없이 빼앗아라. 이것은 상대방도 마찬가지다. 좋은 점을 서로 빼앗고 또 서로에게 빼앗기는 절차탁마의 관계가 중요하다.

당신은 그런 마음가짐으로 지금 하는 일에 최선을 다해 부딪치고 있는가. '탈샐러리맨'도 '독불장군'도 그 점을 알지 못한다면 끔찍한 일을 당할 것이다. 인형 조종자가 되려다가 가엾은 꼭두각시 인형이 되고 말 것이다. 겉모양만 신경 쓰고 있다가는 만족스럽게 일하기는커녕 꼴사납게 살아가게 될 것이다.

'내가 이런 짓을 하면 저 사람에게 미안한 일인데.', '이제 이쯤에서 그만하자.' 하고 마음이 움직일 때는 어떻게 해야 할까. 갖고 싶은 것, 하고 싶은 것이 있다면 철저하게 해내야 한다. 정말로 마음속 깊은 곳에서부터 온몸으로 '갖고 싶다', '하고 싶다'고 간절히 바라면 '누구누구에게 미안하다'라든지 '이제 그만하자'라든지 하는 기분은 들지 않는다.

빼앗는 것을 두려워하지 마라. 부끄러워하지 마라. 적과 친숙해져라. 상대의 것을 정말로 빼앗았다면 그것을 완전히 살리고자 하는 마음이 들 것이다.

나는 너무 바쁜 몸이다. 그런 나에게 책을 써보라는 제의가 들어왔다. 귀중한 시간을 빼앗으러 온 것이다. 나는 받아들였다. 편집부 사람은 이렇게 말했다.

"스님이 바쁘시다는 것은 잘 알고 있습니다. 그렇기 때문에 더욱 부탁드리고 싶습니다. 번창하는 가게일수록 끊임없이 손님이 찾아오는 법이니까요."

그는 절반쯤 아부를 섞어 말했다. 아부라도 좋다. 나는 내 시간을 이 한 권의 책에 발산하려고 한다. 내가 가진 것을 빼앗기고 내가 가진 것을 줌으로써 다시 새로운 생명의 불꽃을 불태우려고 한다.

내게서 빼앗은 것을 어떻게 살리는가는 이 책을 읽는 당신에게 달려 있다. 이것은 무책임한 회피도, 겉만 번지르르한 핑계도 아니다. 나는 지금 내가 가진 전부를 있는 힘껏 발산하고 있다. 그러니 당신도 내게 힘껏 부딪쳐오길 바란다.

세상 모든 것은 시간에 의해 생겨난다. 물건도, 돈도 그게 무엇이든 간에. 시시각각 죽어가는 생명을 불태우고 그것들이 만들어졌다. 그러니까 거기에는 생명이 담겨 있다. 그 생명을 빼앗는 것이다. 또한 빼앗기는 것이다. 주는 것이다. 거기서부터 다시 새로운 생명이 싹트게 된다. 빼앗기기만 하면 나는 죽어버릴 것이다. 그러니까 노력해야 한다.

9. 피로움을 신경 쓰지 않는다

: 피로움을 가까이하다

괴로움은 때론 자극이 된다

강연을 하러 홋카이도에 갔을 때의 일이다. 요즘 세상에 홋카이도까지 기차와 배로 가는 사람은 드물다. 대부분 비행기로 한 번에 간다. 그래서 나도 남들처럼 그렇게 해 봤다. 그런데 나는 고소공포증이 있는 탓에 이륙과 착륙 시 몸이 덜덜 떨리고 심장이 쿵쾅거렸다. 그렇게 힘들게 도착하고 보니 이번에는 냉난방 완비 건물이 기다리고 있었다. 절이라면 문을 열어놓고 바람을 쐴 수 있을 텐데 그 건물은 문을 닫아둔 채 인공 냉방을 켜놓고 있었다. 게다가 평상시라면 부담 없이 대화를 주고받을 수 있는 사람들이 주변에 있을 텐데 그날은 온통 내가 신경을 써야 하는 사람들만 있었다. 이러저러한 연유로 몸과 마음이 너무 지치고 긴장을 한 탓에 자신감마저 잃게 되었다. 가장 큰 문제는 밥을 먹을 수가 없었다.

'밥을 먹어야 해. 먹지 않으면, 여기서 지고 말 거야.'

먹긴 해야 하는데 가슴이 메어 도저히 음식을 넘길 수 없었다. 이래서는 안 되겠다고 생각하자 점점 더 초조해졌다. 그런 나를 보고 시중을 들어주던 사람이 초밥을 권했다.

"스님, 초밥은 어떠신가요?"

초밥이라면 내가 좋아하는 음식이다.

'그래, 좋았어. 초밥을 먹고 몸을 반듯하게 하자.'

나는 무조건 고추냉이를 잔뜩 묻혀달라고 주문했다.

"이렇게 고추냉이를 많이 넣어도 괜찮을까요?"

요리사는 걱정했지만 나는 더 듬뿍 넣어달라고 부탁했다. 그리고 과감히 초밥을 입에 넣었다.

코가 싸하고, 눈에서 눈물이 뚝뚝 떨어졌다. 정신없이 삼켜버렸다. 또 1개를 입에 넣었다. 코에서 정수리까지 뻥 뚫리는 듯한 고통이 느껴졌다. 눈물범벅이 되어 앞이 제대로 보이지 않을 정도였다.

하지만 이걸 계기로 나는 간신히 밥을 먹을 수 있게 되었다. 일부러 괴로운 일에 무리해서 도전한 것이다. 그랬더니 몸이 반듯해졌다. 그 자리에서 힘차게 노력할 기운이 생겨났다. 잠자고 있던 신경이 자극을 받은 탓일까. 집에서 키우는 개도 병으로 축 늘어져 있을 때 으깬 감자에 고추를 잔뜩 넣어 억지로 먹이면 다시 기운을 차린다. 알을 많이 낳아서 장이 항문 밖으로 비어져 나온 닭도 마찬가지로 고추를 먹이면 멀쩡해져서 다시 알을 낳기 시작한다.

괴로운 일, 힘든 일은 좋은 자극이 된다. 인생에서도 괴로운 일이 좋은 자극제가 될 거라고 나는 믿는다.

괴로움을 가까이하다

인간은 살아가기 위해서 괴로움을 겪을 수밖에 없다. 당연한 일이다. 하지만 그 괴로움에 어떻게 대처하는가에 따라 큰 역할을 하는 사람이 될 수도 있고, 시시한 역할밖에 하지 못하는 사람이 될 수도 있다.

'모든 괴로움을 초월했다'고 깨달음을 얻은 척하는 건 정말 엉터리 같은 짓이다. 괴로워하고 또 괴로워하고 철저하게 괴로워하는 것이 인간다운 삶이다.

그 옛날, 센노리큐千利休라는 다도의 달인이 있었다. 지금 일본의 다도 유파 중에서 가장 대표적인 오모테센가表千家와 우라센가裏千家의 시조다. 센노리큐는 다도와 신神은 같다고 여겨, 이곳 다이센인으로 공부를 하러 왔었다고 한다.

어느 날 센노리큐는 문득 마음에 떠오르는 바가 있어 그것을 한 수의 시로 지어 읊었다.

한열지옥을 오가는 국자도
마음이 없으면 고통도 없으리

즉, 차를 달일 때 찻물을 끓이는 그릇은 한열지옥寒熱地獄이다. 그 끓는 물을 떠내는 국자는 마음이 없는 탓에 고통을 느끼지 않는다. 마찬가지로 인간도 무심의 경지에 이르면 고통을 고통이라 느끼지 않게 될 거라는 의미다.

"그렇지 않습니다."

그러나 그것을 들은 다이센인의 화상은 단번에 일축했다. 그는 마음도 없고, 고통도 없어서는 안 된다고 말했다. 왜일까. 괴로워하지 않는다면 그건 죽은 인간이다. 죽은 사람은 뜨거운 것도 차가운 것도 느낄 수 없다. 그런 건 무심도 뭣도 아니다. 무심한 사람은 이 세상에 없다. 살아 있는 한 싫어도 괴로워하며 사는 것이 인간이다.

또한 고통을 느끼지 않는 사람은 세상을 살아갈 수 없다. 펄펄 끓고 있는 주전자에 무심코 손을 댔다가도 "앗, 뜨거워!" 하며 황급히 손을 거두기에 손이 무사할 수 있는 것이다. 고통을 느끼지 않는다면 어디 팔 한쪽뿐이겠는가. 목숨을 잃을 때까지 펄펄 끓는 물속에 잠기고 말 것이다.

예를 들어, 친하게 지내던 친구가 죽었다고 하자. 문상을 하러 달려가자 친구의 아내와 자식들이 눈물로 밤을 새우고 있다. 그 모습을 보자 마음이 쥐어뜯기듯 괴롭다. 괴롭다고 느끼는 마음이 있기 때문에 스스로에게 다짐하게 된다.

"나는 아내와 자식들에게 저런 슬픔을 겪게 하지 말아야지."

괴로움은 괴롭기 때문에 인간을 분발하게 만든다. 괴롭기 때문에 인간은 거기에서 기어오르려고 노력한다. 괴롭기 때문에 깊은 생각이 생겨난다.

가난은 괴롭다. '무사는 밥을 굶어도 이를 쑤신다'는 속담이 있다. 허세를 부리는 것이다. 센 척하는 것이다. 그러니까 무사 계급은 망했다. 먹지 않으면 괴롭다. 어떻게 해서든 오늘 하루를 잘 살아가기 위해 있는 힘껏 노력해야 한다. 그러려면 먹고살기 위해 새로운 기술을 익혀야 한다.

그래서 나는 말하고 싶다. 괴로워해라. 더 많이 괴로워해라. 있는 힘껏 괴로워해라. 거짓 깨달음으로 괴로움을 얼버무리지 마라. 마음도 없고 괴로움도 없는 것은 난봉꾼이다. 열심히 살아가는 사람이 아니다.

다이센인의 화상도 바로 그 점을 지적한 것이다. 중요한 건 아무것도 느끼지 못하는 마음이 아니다. 고통을 고통이라고 느끼고 그것을 되받아치는 마음의 탄력성이다. 그렇기 때문에 괴로움을 가까이하는 마음 자세가 중요하다.

그 후에 센노리큐는 끊임없는 수행을 거듭해 오늘날의 다도를 완성했다. 선사들은 신도들에게 센노리큐가 읊은 이 노래를 어떻게 고치면 좋을지 물었다. 그중에 이렇게 고쳐 읊은 이가 있었다.

한열지옥을 오가는 국자도
마음이 없다면 콜콜콜콜

'국자에는 마음이 없다. 그저 콜콜콜콜 소리를 낼 뿐이다'라는 의미인데, 있는 그대로의 것을 표현했다는 점에서 공감이 간다. 상당한 유머도 담겨 있다. 하지만 이것은 아직 문장의 표면적인 의미일 뿐이다. 나는 우리 자신이 국자가 되어 콜콜콜 소리를 내는 느낌으로 살고 싶다. 추울 때는 "으, 춥다, 추워." 옷자락을 여미고, 더울 때는 "아아, 덥다, 더워. 못 참겠다." 옷깃의 단추를 끄르는 있는 그대로의 천연의 모습으로 살고 싶다.

맛없는 것부터 먹다

우리 절에는 수많은 관광객이 찾아온다. 그중 수학여행 온 학생들의 얼굴을 보는 일이 가장 즐겁다. 나는 그들에게 이렇게 말한다.

"여러분들은 이곳에 무엇을 보러 왔습니까. 사찰 건물을 보러 왔거나 정원을 보러 온 거라면 참으로 시시한 일입니다. 그것은 그저 오래된 나무토막이고 돌조각일 뿐입니다. 나는 여러분이 이 절과 정원에 스며 있는 옛사람들의 마음을 담아가길 바랍니다. 그것은 세상을 살아가기 위해 꼭 필요한 마음가짐입니다. 괴롭고 고통스러울 때 '이까짓 거' 하며 반발할 수 있는 마음의 탄력성입니다."

이 이야기를 들은 한 중학생이 집으로 돌아가서 내게 편지를 보내왔다. 그 아이는 어릴 적에 어머니를 잃고 아버지도 병으로 몸져

누운 상황이었다. 중학생이라는 어린 나이에 가업인 세탁소에서 일하며 아버지를 위해 식사를 준비하고 학교에 간다고 했다.

그 또래는 시절을 자유로이 즐기고 있을 때 소년은 그런 생활을 꿈도 꿀 수 없었다. 소년은 편지에 이렇게 썼다.

"돌아가신 어머니께서 말하셨습니다. '식사할 때 맛있는 것을 먼저 먹으면 나중에 맛없는 것이 남고, 맛없는 것을 먼저 먹으면 나중에 맛있는 것이 남는다.' 저는 지금 맛없는 것을 먼저 먹고 있다고 생각합니다. 열심히 살아갈 생각입니다."

소년의 편지에서 나는 기쁨과 슬픔을 같이 느꼈다. 이 얼마나 기특한 소년인가. 현실을 '맛없는 식사'라고 분명히 정하고 도망치지 않고 비뚤어지지 않고 정면으로 부딪치려고 하고 있다. 다른 사람을 원망하지 않고, 그 나이에 있을 법한 감상으로 '나는 불행하다'고 한탄하지도 않는다.

살아 있는 나무와 같은 곧고 싱싱한 소년의 생명력에 깊이 감동했다. 누가 그러한 마음을 소년에게 심어놓았는지는 모르겠다. 어머니가 자신의 죽음이 가까워졌음을 알고 한 말이기 때문에 소년의 마음속 깊이 남은 것인지 아니면 어머니와 빨리 이별해야 했던 환경에 의해 소년 스스로가 가슴에 새긴 것인지.

어느 쪽이 되었든 진짜 교육이란 이런 것이다. 영어와 수학 문제의 정답을 찾는 방법을 주입시킬 것이 아니라 반듯하게 살아가기 위한 마음가짐을 심어주는 것이다. 아니 심는 것이 아니다. 본래 인간은 누구나 이런 마음을 가지고 있다. 그 마음을 곧게 길러주는 것이 교육이다. 이 이야기를 들은 어느 학교 선생은 이렇게 말했다.

"맛있는 것만 먹으면 되지 않습니까?"

참으로 얼간이다. 이 선생은 아무것도 모르는 것이다. 나에게 편지를 쓴 그 중학생은 맛있는 것을 아무리 찾으려 해도 찾을 수 없었던 것이 아닐까. 그런 아이에게 어떻게 맛있는 것만 먹으라는 말을 할 수 있단 말인가. 이런 선생에게 배우는 학생들은 진심으로 불행하다고밖에 할 수 없다. 선생이란 먼저 살았기에 선생인 것이다. 그 외에는 아무것도 없다. 지식도 없고 교양도 없다. '맛있는 것부터 먹어라'라고 말한 선생 따위는 선생이라고 부를 수도 없다.

함께 괴로워하는 것이 중요하다

실은 나 또한 괴로움을 가까이하는 것이 어떤 것인지 창피하게도 오랫동안 알지 못한 채 괴로워했던 경험이 있다.

교토의 묘신지라는 선사를 개산開山한 무소無相 대사에 얽힌 에피소드를 그린 그림이 우리 절에 있다.

그 그림은, 절에 비가 새서 중들이 대야와 통을 들고 화상 주변을 허둥지둥 뛰어다니는데 그 속에 소쿠리를 들고 있는 중이 한 명 있다. 그 중에게 화상이 "훌륭하구나. 이 절을 이어받게 하겠다"고 말하며 빙그레 웃고 있는 내용이다.

절에 온 신자들은 모두 그 그림을 보고 즐거워한다.

"묘신지를 개산한 대사는 재미있는 분이군요. 소쿠리를 든 스님께 '넌 제대로 된 녀석이구나.' 하고 말하신 겁니까?"

나는 처음에 이 그림이 무얼 의미하는지 전혀 알지 못했다. 신자들처럼 재미있다, 즐겁다는 마음이 들지 않았다.

'왜 이해가 안 되는 걸까.'

분한 마음으로 몇 년을 보내며 그림을 볼 때마다 괴롭고 고통스럽고 스스로가 한심했다. 다른 사람을 구제해야 하는 중인 내가 아무리 생각해도 그 그림을 이해하지 못하고 괴로워하는 동안 다른 이들은 하나같이 즐거워하다 돌아가니 저들이 나보다 먼저 깨달음을 얻은 것은 아닌지 그것이 또 나를 괴롭게 하고 슬프게 했다.

나중에 안 사실이지만 나는 논리에 너무 집착하고 있었다. 그러니 이해할 수 없었다. 그러나 괴로움에 빠져 있을 때는 그런 반성조차 떠오르지 않는 법이다.

그러던 어느 비 오는 날, 우리 다이센인에 비가 새기 시작했다. 발견한 것은 절에서 가장 젊은 직원이었다.

"스님, 큰일입니다. 비가 새고 있어요."

그는 허둥지둥 뛰어와 내게 말을 전하고 다시 몸을 휙 돌려 나가 버렸다. 아마 빗물을 받을 만한 걸 찾으러 간 것 같았다.

나는 서예를 하고 있었지만 계속 느긋하게 글이나 쓰고 있을 수는 없어 목욕탕으로 뛰어가 빗물을 받을 만한 것을 찾았다. 제일 먼저 눈에 들어온 것은 커다란 아기용 욕조였다. 나는 그것을 잽싸게 끌어안고 긴 복도를 내달려 빗물이 새는 현장으로 뛰어갔다.

그런데 조금 전의 그 젊은 직원이 나를 보자마자 깔깔 소리를 내며 웃기 시작했다. 그러더니 나중에는 아예 배를 잡고 바닥에 주저 앉아 웃는 것이 아닌가. 알고 보니 고작 비가 새는데 커다란 아기 욕조를 들고 뛰어온 것이 무척 재미있었다고 한다. 그는 비가 새는 것도 잊은 채 그렇게 한참 숨이 넘어가게 웃어젖혔다.

나도 그를 따라 웃어버렸지만 그때 문득 떠오른 것이 있었다. 다름 아닌 그 그림이었다. 나는 무릎을 탁 내리쳤다.

'그 그림이 말하고 있는 바가 바로 이것이구나.'

나는 그간 잘못 생각하고 있었다. 무소 대사가 칭찬한 것은 놀라서 허둥대는 이들 사이에 혼자 소쿠리를 들고 있는 중의 모습이 초연해 보여서가 아니었다.

비가 오는 날은 귀찮은 일이 많이 생긴다. 하물며 비까지 새기 시작하면 성가신 일이 늘어난다. 우리 절의 직원 역시 마찬가지였을 것이다. '큰일이다, 어떡하지.' 하는 생각으로 머릿속이 꽉 차서 일단 내게 달려왔음에 틀림없다. 그런데 중요한 서예를 하느라 바빠 보이는 절의 주지인 내가 자신의 말에 선선히 일어나 달려왔다. 게다가 커다란 아기용 욕조까지 끌어안고 말이다. 남의 시선을 개의치 않은 그 모습이 그는 기뻤던 것이다. 내가 열심히 달려온 것, 그리고 조금은 익살스런 모습에 모든 걸 잊고 즐겁게 웃은 것이다.

그 그림 속의 일화도 실은 이런 것이었다. 비가 새는데 당황해서 다들 곤란해하고 있다. 괴로워하고 있다. 빗물을 받을 통을 들고 뛰어다니고 있다. 그런 상황에 섞여 자신도 참여하기 위해 소쿠리를 들고 있다는 것도 눈치채지 못할 만큼 열심히 뛰어다닌 것이다. 그 마음을 무소 대사는 "훌륭하다"고 칭찬한 것이다. '고작 비가 새는 것 정도로 당황하지 마라'라고 고견을 내놓고 구경만 하고 있는 것이 아니라 자신도 함께 괴로워하는 것. 그것이 인간의 마음을 구제하는 사람이 지녀야 할 자격이라는 소리다.

괴로움으로부터 도망치는 게 아니라 자진해서 그 소용돌이로 뛰어드는 것이 '괴로움을 가까이'하는 것이다. 선종에서는 자주 '면전勉旃, 면전勉旃'을 말한다. 어려운 일이라도 부딪쳐 나가자는 구호다. 영어로 하면 TRY HARD! 당신도 나도 면전, 면전 하지 않겠는가.

10. 위기를 신경 쓰지 않는다

: 두려움에 다가가다

겁쟁이

지진, 벼락, 불, 아버지 등 인간은 누구나 두려운 대상이 있기 마련이다. 고소공포증, 대인공포증, 이성공포증 등 공포의 대상은 실로 다양하다. 하지만 공포심은 무서워하는 대상으로부터 도망치려고 할수록 더욱 심해진다.

겁쟁이란 실은 나를 두고 하는 말이다. 나는 무서운 것이 정말 많다. 그중에서도 높은 곳을 무서워하는 심각한 고소공포증이 있다.

젊은 시절, 나라에 있는 지코인이란 절의 사미승으로 들어갔다. 입문한 지 며칠이 지난 어느 날, 스승님께서 절의 지붕을 수리하기 시작했다. 나도 뭔가 돕고 싶던 차에 지붕 위에서 스승님의 목소리가 들려왔다.

"소엔, 거기 있는 기와 좀 가지고 올라오너라."

나는 기와 다섯 장을 잘 포개 들고 사다리를 탔다. 절의 지붕은 보통의 집에 비해 훨씬 높다. 몇 계단인가를 올라가 별생각 없이 아래를 내려다보는데 그때부터 무릎이 덜덜 떨리기 시작했다. 나는 정신없이 도로 아래로 내려와버렸다. 아무래도 기와 다섯 장은 위험하겠구나 싶어 세 장으로 무게를 줄여 몸을 가볍게 하고, 아래를 내려다보지 않기로 마음먹고 다시 사다리를 탔다. 하지만 거의 끝까지 올라갔을 때 내 안에 무서운 것을 보고 싶어 하는 마음이 있었는지 나도 모르게 또 아래를 보고 말았다. 이번에는 머리가 어질 어질하고 기와를 든 손이 덜덜 떨리고 다리가 얼어붙었다. 거기까지 갔으니 차라리 지붕에 올라서는 편이 나았을 텐데도 공포심이란 참으로 희한한 것이라 반드시 원래 상태로 돌아가지 않으면 마음이 놓이질 않아 곧장 아래로 내려갔다.

스승님께서는 내가 좀처럼 올라오지 않자 이상하게 여겼는지 지붕에서 둥근 얼굴을 빼꼼히 내밀고 물으셨다.

"소엔, 무슨 일이냐?"

"네, 네, 지, 지금 갑니다."

나는 다시 굳게 마음을 먹고 기와를 두 장으로 줄여 사다리에 도전했다. 필사의 노력 끝에 간신히 지붕 위까지 올라갈 수 있었다. 지붕 위의 급한 경사도 극복하고 그럭저럭 스승님이 계신 곳에 도착했다. 하지만 스승님은 내 쪽은 돌아보지도 않으시고 "음." 하고 한마디를 하신 후 지붕 수리에 열중하셨다. 내 입장에서는 그런 고생을 한 결과가 고작 '음' 한마디였던 것이다. 평소 같았으면 불평을 했겠지만 당시는 그럴 경황이 없었다. 불평은커녕 점차 머릿속이 차갑게 얼어붙고 있었다. 그대로 어떻게 되어버리는 건 아닌지 불안할 정도였다. 그 감각은 도저히 말로 설명할 수가 없다. 살아 있는 것 같지 않았다고나 할까.

그래도 나는 죽음을 각오한 행동을 성공한 데 약간의 만족감을 느꼈다. 그것을 위안 삼아 서둘러 아래로 돌아가기로 했다. 그러나 원래 가는 건 쉬워도 돌아오는 건 더 무서운 법이다. 하물며 올라가는 것만으로도 끔찍한 경험이었으니 내려갈 때는 오죽했겠는가. 더욱더 살아 있는 것 같지 않았다. 완전히 나를 잃어버린 진공의 상태에서 간신히 지상에 발을 디딜 수 있었다.

그런데 이 목숨을 건 옥상행은 실은 스승님이 나의 담력을 시험한 것이었다. 나를 시험하려는 계략에 완전히 걸려든 것이다. 스승님께서는 이렇게 말씀하셨다.

"소엔은 쓸 만한 물건이 못 되는구나."

고소공포증은 정신병리학이라는 학문에서도 제대로 된 하나의 병증으로 인정받고 있다. 병의 증상을 가지고 '쓸 만한 것이 못 된다'고 하는 건 제아무리 스승이라도 심하지 않은가. 그렇게 화를 낼 수 있었다면 그나마 다행이지만 당시의 나는 그야말로 영혼을 빼앗긴 사람처럼 그저 멍하니 서 있었다. 화 같은 건 나지 않았다. 그러니까 나는 한심한 인간이었던 것이다.

스승님이 부처님을 섬기는 몸이라면 그건 나 역시 마찬가지가 아닌가. 그렇게 심하게 말할 것까지는 없지 않나 하는 마음이 들었다면 좋았을 것이다. 그게 진짜다. 그게 '자기 자신'이다. 그런데 나는 맥없이 싸움에서 진 개처럼 꼬리를 둥글게 말고 주눅이 들어 있었다. 스승님께 '쓸 만한 물건이 못 된다'라는 말을 들은 이상 '더는 이 절에 있을 수 없겠구나' 하는 생각을 했다.

실로 한심했다. 어릴 적부터 공부도 못하고, 몸도 약하고, 어떤 직업에 대해서도 자신이 없었다. 그런데 '중 정도라면 나도 할 수 있지 않을까' 하는 마음에 절로 도망친 것이었는데 마지막 의탁할 곳인 절에서조차 내쳐진 것이다. 나는 위험에 다가설 용기가 없는 스스로가 정말 진저리나게 싫었다. 이렇게 겁쟁이인 나에게 부모님은 왜 '용勇'이라는 이름을 붙여주신 것일까.

두려움으로부터 마음을 옮기다

인간은 미리 위험을 알고 있으면 그다지 두려워하지 않는다. 반대로 무엇이 있는지, 어떻게 될지 알 수 없을 때 두려워하게 된다. 여러 가지 나쁜 경우를 상상하고 자신이 그 상황에 빠지지 않을지 말로 형용할 수 없는 불안에 시달리는 것이다. 어떤 때는 몇십 년간 살아오면서 쌓이고 쌓인 경험과 지식이 역으로 자신에게 화가 되는 경우도 있다.

아직 감정의 싹이 트지 않은 유아의 경우는 가까이 다가온 위기를 보면서도 웃고 있을 수 있다. 하지만 어른들은 이미 '두려움'이라는 '에덴의 사과'를 깨물어버렸다. 이것은 대체 무슨 소리일까.

다쿠앙 선사가 검의 달인 야규 타지마노카미와 함께 당시의 쇼군이었던 도쿠가와 이에미쓰에게 불려갔을 때의 일이다.

그곳에는 조선에서 보내온 사나운 호랑이 한 마리가 우리 안을 배회하고 있었다. 쇼군은 두 사람에게 저 호랑이를 어떻게 제압하겠느냐고 물었다. 그러자 타지마노카미가 우리 안으로 들어갔다. 그가 쇠부채를 들고 눈을 부릅뜨고 노려보자 호랑이는 두려움을 느끼고 고개를 숙였다.

한편, 다쿠앙은 어떻게 했을까. 그는 이 두려운 상대를 향해 빙긋이 웃으며 우리 안으로 들어갔다. 호랑이는 그것만으로 순한 고양이처럼 돌변해 다쿠앙 선사의 손을 할짝할짝 핥고, 다쿠앙 선사와 호랑이는 친구가 되었다고 한다.

이 차이는 엄청난 것이다. 그리고 그것이 인연이 되었는지 어쨌는지는 모르겠지만 훗날 다쿠앙 선사는 타지마노카미에게 검도와 선에 대한 비법을 담은 책 《부동지신묘록不動智神妙錄》을 주었다.

료칸 화상은 '재난을 만나면 재난에 부딪히면 된다. 죽음이 찾아오면 죽음을 맞이하면 된다'고 했다. 바로 호랑이 우리에 들어간 다쿠앙 선사의 마음 상태가 딱 이랬을 것이다. 이것은 어린아이의 깨끗한 마음과도 같은 상태다. 그러나 그런 경지에 도달하는 것은 상당히 어려운 일이다. 사실 다쿠앙 선사도 끊임없는 수행을 거듭한 끝에 도달할 수 있었던 것이다. 이렇게 말하는 나 역시도 거기까지 도달했는지 어떤지는……. 그렇다면 우리는 어떻게 해야 할까.

멀고 먼 도쿄에서 손님이 방문했다. 여러 이야기를 나누던 중 갑자기 진도 4 정도의 지진이 일어났다. 건물이 심하게 흔들렸다. 순간 그 자리가 쥐 죽은 듯 고요해졌다. 알 수 없는 불안과 두려움이 모두의 마음을 스치고 지나갔다. 나도 예외는 아니었다. 그중 한 사람이 재빨리 모두의 마음을 달래듯 "신경 쓰지 않는다, 신경 쓰지 않는다" 하고 중얼거렸다. 그 말을 듣고, 여진에 대한 두려움이 남아 있던 내 마음에 이런 생각이 떠올랐다.

'나를 만나기 위해 일부러 도쿄에서 찾아와 주신 분들이다. 혹여 다치거나 재난을 당한다면 그 얼마나 미안한 일인가.'

그러자 두려움이 사라졌다. '지진으로 내가 어떻게 되는 게 아닐까' 하는 나 자신을 걱정하는 마음에서 문득 타인을 걱정하는 마음으로 바뀌었을 때 두려움이 사라졌다.

누구든지 자기 자신이 가장 소중한 법이다. 나 역시 그러하다. 그 소중한 자기 자신이 어떻게 될지도 모른다는 생각이 들었을 때 두려움이 생겨난다. 그리고 그 두려움으로부터 벗어나려고 할수록 두려움은 더욱 커져만 간다. 두려움을 느끼는 것은 안쪽만을 바라보고 있기 때문이다. 그것에 빠져들어서는 안 된다. 그럴 때 문득 바깥 풍경을 바라보면 희한하게도 거기에 마음을 빼앗기게 된다. 그리고 정신을 차리고 보면 안쪽에 있던 두려움이 사라져 있을 것이다. 실로 희한한 일이다.

이러한 변화를 선에서는 '심수만경전 전처실능유心隨萬境轉 轉處實能幽(마음이 온갖 대상을 따라 구르나, 구르는 곳마다 실로 깊고 그윽하다)'라 한다. 마음의 작용이 최대한으로 발휘되는 것이다. 마음은 어떤 것에서 다른 것으로 옮겨갈 때 최대의 에너지를 낸다. '기전機轉(사물에 응해 마음의 움직임이 빠른 것)'의 참 의미는 바로 이것이 아닐까.

무엇이 위기이기에 두려워하는가

'마음을 옮긴다.' 이것만은 실제로 체험하지 않으면 아무리 설명을 해도 이해할 수 없다. 그래서 직접 체험할 수 있는 방법을 알려주겠다.

자, 눈을 감고, 똑바로 걸어보자. 아마 좀처럼 똑바로 걸을 수 없을 것이다. 이번에는 방의 가장자리에서 연습해보자. 그런데 눈을 감아버리면, 방의 가장자리도 외줄타기의 줄 위와 마찬가지가 된다. 눈만 감으면 당신은 방의 가장자리 위에 서 있게 되고, 또 외줄 위에 서게 되는 것이다. 그럴 때는 마음속으로 다른 무언가 한 가지에 집중하자. 그 상황과 전혀 관계없는 것, 예를 들면 사랑하는 사람이나 회사 상사 등 비교적 집중하기 쉬운 대상을 하나만 정하자.

물론 한 가지에 집중하는 것 역시 쉽지 않다. 한 걸음 내디딜 때 오늘 저녁 반찬, 또 한 걸음 내디딜 때 주말 계획 등 연달아 머릿속에 방해물이 떠오를지 모른다. 그것을 어떻게든 지워버리자. 항문에 힘을 주는 것이다. 매일 노력하면 집중도가 높아진다. 일단 여기까지가 1단계다.

다음 목표는 마음을 새하얗게 만드는 것이다. 즉, 아무것도 생각하지 않는 것이다. 실은 나도 좌선을 하기 시작했을 무렵 깨달음의 경지는 아직 멀기만 한데 다리는 아프고, 빨리 안 끝나나 하는 생각만 한 적이 있다. 그러니까 이 단련도 그저 마음을 새하얗게 만드는 정도로 의미를 두면 된다.

사실 인간의 마음이란 좀처럼 새하얘지지 않는다. 집중해서 새하얘졌을 때쯤 마음속에 다른 생각이 불쑥 떠오른다. 이 순간이 바로 '심수만경전 전처실능유'인 것이다. 이걸로 오케이.

사카이 사부로酒井三郎 중위는 태평양전쟁 중에 일본의 격추왕으로 용맹을 떨친 영웅이다. 그런 그가 아직 연습생이던 시절, 평형감각을 키우기 위해 평소에 타고 다니던 버스 안에서 언제나 눈을 감고 서 있었다는 이야기를 들은 적이 있다. 커브길과 비탈길에서 차가 기울어지는 정도에 맞춰, 시각에 의지하지 않고 평형을 유지해야 하는 어려운 과제다. 이것은 단순히 평형감각이라는 육체적인 능력만을 키우는 것이 아니다. 정신적인 면에도 큰 영향을 미친다.

즉, 움직이고 있는 버스 안에서 눈을 감은 채 서 있으려면 상당한 집중력이 요구된다. 사카이 중위가 거기까지 생각했는지는 잘 모르겠다. 하지만 그는 본인이 원했든 원하지 않았든 결과적으로 '두려움에 다가가는' 마음가짐을 길렀던 것이다. 이런 마음가짐이 있었기에 훗날 어떤 두려움에 직면해도 침착하고 냉정하게 판단하고 행동할 수 있었고, 수없이 많은 절체절명의 사지에서 탈출할 수 있었다. 나는 그렇게 생각한다.

그런데 사람에게 두려움을 촉발하는 '위험'이란 지진과 화재 또는 전쟁이라는 몹시 특수한 상황만을 말하는 것일까. 이 의문에 답해줄 실마리로《갈등집葛藤集》의 공안 하나를 소개하겠다.

어느 날, 성공性空 선사에게 한 명의 중이 물었다.

"달마대사가 멀고 먼 인도에서 건너와 중국에 전하려고 했던 선禪의 정신이란 무엇입니까?"

이에 성공 선사가 말했다.

"만약 어떤 사람이 천 길이나 되는 깊은 우물 속에 빠졌다고 치자. 그때 한 길의 새끼줄도 없이 이 사람을 살릴 수 있다면 너의 질문에 대답해주마."

그러자 이 중이 우는소리를 늘어놓았다.

"최근에 후난 성에서 창노사暢老師라는 사람이 출세를 해 여러 가지 설법을 해줍니다. 그 노사도 알 수 없는 말을 하던데…….."

그러자 성공 선사는 당시 아직 사미승이었던, 훗날의 앙산혜적仰山慧寂을 불러 이렇게 말했다.

"이 죽은 시체를 밖으로 끌어내라."

이것이 공안의 개요다.

훗날 앙산은 이 일이 마음에서 떠나지 않아 다른 두 명의 노사를 찾아가 물어보았다. 첫 번째 노사가 말했다.

"이 멍청이 같은 놈! 누가 우물 속에 있느냐?"

두 번째 노사는 그의 이름을 불렀다.

"혜적아. 이미 훌륭하게 우물을 빠져나오지 않았느냐."

이 이야기가 바로 '위험'에 대한 사고방식의 해답이다. 이것은 예전에 내가 받은 테스트의 진짜 의미이기도 하다. 즉 '위험'을 특수한 상황이라고 생각하고 있는 한, 쓸 만한 물건은 될 수 없다. 어째서 '위험'은 '우물 속에 있고', '우물 밖에 없는' 것일까.

한 가지 더, 이와 비슷한 공안을 소개하겠다. 《무문관無門關》에 나와 있는 이야기다.

향엄지한香嚴智閑 선사가 말했다.

"어떤 사람이 높은 나무 위에 매달려 있다고 치자. 그것도 나뭇가지를 입에 물고 매달려 있다. 다른 나뭇가지를 붙잡을 수 없고 밟고 설 수도 없는 상태로 그저 가지를 입에 문 채 공중에 매달린 것이다. 그때 어떤 사람이 나무 아래에서 '달마대사가 인도에서 건너와 중국에 전하려고 했던 선의 정신이 무엇입니까?' 하고 물었다. 만약 대답하지 않으면 나무 밑의 사람의 질문을 무시하는 것이 되고, 대답을 하면 나무에서 떨어져 죽게 된다. 너라면 어떻게 하겠느냐?"

호두虎頭 상좌라는 자가 우문을 던졌다.

"만약 아직 나무 위에 오르지 않았다면 뭐라 답하면 좋을까요?"

향엄 선사는 이를 듣고 크게 웃었다. '나무 위에 있다'는 것을 평상시의 상태와 구별해서 생각하는 사고방식을 크게 웃은 것이다. 즉, 위기 상황과 평상시의 상황은 다름이 없다. 역으로 말하면 보통의 날들이 위기나 마찬가지인 것이다. 이 점을 깨닫는다면 '심수만경전 전처실능유'의 '신경 쓰지 않는 마음'을 알 수 있을 것이다.

11. 내일을 신경 쓰지 않는다

: 오늘을 살아간다

슬플 때는 처절하게 슬퍼하고, 기쁠 때는 힘껏 기뻐하다

도호쿠 지방의 어느 시골 마을 변두리에 한 남자가 살았다. 남자의 아버지는 가난했지만 그를 몹시 귀여워했다. 아버지는 낚시를 하러 가거나 고사리를 캐러 갈 때 항상 그를 데리고 갔다. 반면 매우 엄격해서 공부를 하지 않으면 호되게 야단을 치곤 했다.

타지에 나가 일을 했던 남자의 아버지는 집에 있는 날이 거의 없었다. 그는 아버지가 돌아오기만을 손꼽아 기다렸다. 그에게 아버지가 있는 집은 천국과도 같았다. 동네의 짓궂은 친구들도 그의 아버지가 집에 있는 동안에는 괴롭히지 않았다. 아버지의 부재가 1년 이상 계속되던 어느 봄, 그는 괴롭고 너무나 외로워 가출을 했다.

먼 타지에서 괴로움을 참고 지내며 남자는 언제부턴가 아버지를 떠올렸다. 다정한 아버지의 모습과 무서운 아버지의 모습이 교차했다. 아이들끼리의 싸움에 아버지가 비집고 들어와 상대편 아이를 대신 혼내주던 일, 아버지의 목마를 타고 야간 축제를 보러 간 일, 여름방학 숙제를 다하지 않아 호되게 야단맞은 일 등을 떠올렸다.

어째서 아버지의 모습이 떠오르는 것인지 알 수 없었다. 무서운 아버지였는데 다정한 면도 있었기 때문일까. 역시 부모님이 계신 곳에 자신의 마음이 있었던 것일까. 아니면 자신의 마음속에 부모님이 들어와 있었던 것일까. 자신도 알 수가 없었다.

어쨌든 그런 일이 자주 있고 해서 그는 12년 만에 고향을 찾아가게 되었다. 그런데 하필이면 그날, 남자의 집에서는 장례식이 행해지고 있었다. 바로 남자의 아버지가 세상을 떠난 것이다. 가엾게도 남자는 아버지의 임종도 지키지 못했다. 그는 차가운 시체가 되어 버린 아버지의 관 위에 올라앉아 엉엉 소리 내어 울었다. 장례식장의 분위기가 깨지거나 말거나 계속해서 큰 소리로 울었다.

그곳에 있던 사람들은 남자의 모습을 아무 말없이 차가운 눈초리로 보고 있었다. 친척들과 동네 사람들은 '뻔뻔하게 이제 돌아와서 저러고 있다니. 불효자식 같으니!' 하고 그를 책망하는 듯했다.

자, 당신은 이 이야기를 어떻게 생각하는가. 그를 책망할 것인가. 그 불효를, 이성을 잃고 우는 모습을 꼴불견이라고 말할 것인가. 아니면 그의 입장이 되어 심경을 헤아려주겠는가.

그는 아버지의 죽음을 깊이 슬퍼했다. 아버지가 살아 계신 동안 아무것도 해드리지 못한 것이 괴로워 견딜 수 없었던 것이다. 남자와 아버지와의 유대감은 누구도 알 수 없으며 말로 설명할 수 없다.

"자기 아버지의 관 위에 앉다니, 천벌을 받을 불효자식!"

이렇게 비난하는 주변 사람들의 목소리를 그는 신경 쓰지 않았다. 단지 슬프기 때문에 그곳에서 목 놓아 울었다.

슬플 때는 처절하게 슬퍼하고, 기쁠 때는 있는 힘껏 기뻐하는 것,

이것이 본래 인간의 모습이다. 그때, 그 장소에서 최선을 다해 살지 않으면 언제 어디에서 그렇게 살 것인가.

마음껏 일희일비

일희일비하는 것, 이것이 중요한 것이다. '일희일비'는 '오로지 그것 하나'라는 것이다. 그것으로 '가득 찬다'는 것이다. 기쁨으로 가득 차고, 슬픔으로 가득 차는 것이다. 이것이 바로 '일희일비'의 진짜 의미다. 기쁨도 슬픔도 가득 차서 개미 한 마리 들어갈 틈도 없을 정도로 철저하게 기뻐하거나 슬퍼하는 것이다.

'하늘의 하늘 덮개, 땅의 땅 덮개', '개천개지蓋天蓋地(중생이 본래 갖추고 있는 마음의 빛이 하늘과 땅에 가득 참)'라는 말이 있다. 하늘 끝까지, 땅끝까지라는 말이다. '개천개지'의 '개'는, '극지極地', '극의極意'의 '극極'과 같다. 커질 때는 산처럼, 작아질 때는 개미처럼 그만큼 철저하게 '일희일비'하는 것은 상당히 어려운 일이다. 기쁠 때는 세상천지를 뒤흔들 만큼 요란하게 기뻐하고, 슬플 때는 세상에서 자기만큼 한심한 인간이 없다는 듯 크게 슬퍼하는 것, 거기에는 끊임없이 생명이 흘러넘친다. 사람이 항상 그랬으면 좋겠다.

우리 절에 견학 오는 손님들에게 나는 이렇게 말한다.

"나에게 있어 이미 왔다가 돌아간 손님은 손님이 아닙니다. 앞으로 올지 모르는 손님도 손님이 아닙니다. 지금 여기서 나와 마주하고 있는 분들만이 진짜 손님입니다. 지금, 눈앞에 있는 손님들을 상대로 최선을 다하지 않는다면 대체 언제 최선을 다하겠습니까."

열심히 살아가고 있는 자들은 다 내 편이다. 하다못해 세균이라도 좋다. 악한 자든 선한 자든 살려고 애쓰는 자라면 모두 나의 친구다. 어떻게 해서든 이 세상을 꿋꿋하게 살아내야 한다. 아버지의 관 위에 올라앉아 어깨를 들썩이며 엉엉 소리 내어 울던 그 남자는 그때 그곳에서 전력을 다해 살았던 것이다. 나는 알 수 있다.

보통의 사람이라면 불가능한 일이다. 당신이 장례식장에 있다고 생각해보자. 자연히 여러 가지 것을 신경 쓰게 된다. 유족이 이성을 잃고 슬퍼하는 것은 손님들에게 미안한 일이다. 그리고 무엇보다 부모의 관 위에 올라앉는 것은 자식으로서 해서는 안 될 일이라는 도덕관이 작용하게 된다. 유산 상속에 대한 의심을 받을 수도 있다.

더울 때는 '아아, 더워서 못 참겠다'고 느끼고 추울 때는 '추워서 못 살겠다'고 느끼는 것처럼, 우리는 어째서 슬플 때 처절하게 슬퍼하지 못하고 기쁠 때 있는 힘껏 기뻐하지 못하는 것일까. 왜 진심으로 그렇게 하지 못하는 것일까. 망설임이 있고 고뇌가 있기 때문이다. 조금 전 이야기 속의 그 남자는 아버지의 관 위에 올라앉아 목

놓아 울었다. 그때까지 이러지도 저러지도 못하면서 아버지를 생각하고 고민했는데 그 순간 자신도 모르게 그런 행동을 해 버렸다. 그것이 재미있는 것이다.

시골에서는 장례식장에서 술을 마시는 풍습이 있다. 노인이 죽으면 천수를 다했다고 축하하면서 술을 마신다. 생각해보면 이것은 슬픔을 숨기기 위해 마시는 술이다. 숨을 내쉬는 것도 들이마시는 것도 모든 것이 괴로워서 견딜 수 없지만 내일부터 다시 힘을 내서 살아가야 하기에 기운을 북돋기 위해 술을 마시는 것이다.

또한 유품을 태우기도 한다. 죽은 사람에 대한 집착을 끊기 위함이다. 물건이 하나라도 남아 있으면 죽은 사람의 마음이 아직 그곳에 있게 된다고 믿기 때문이다.

내가 사는 교토에서는 8월 오봉에 다이몬지산에 불을 지피는 행사가 열린다. 오봉 13일에는 조상을 맞이하기 위해 불을 지피는 무카에비를, 16일에는 조상을 떠나보내기 위해 불을 지피는 오쿠리비를 행한다. 하지만 그래 봤자, 죽은 사람들과 조상의 유품이 하나도 남아 있지 않으면 죽은 그들이 돌아올 방법이 없지 않은가.

죽은 사람뿐만이 아니라 산 사람도 그렇다. 고향에 없더라도, 살던 곳을 떠나 설령 이국땅에 살고 있더라도 그 사람의 물건이 남아 있는 한 그 사람의 마음은 그곳에 남아 있는 것이다.

어느 쪽이 진짜인가

중국 당나라 때의 일이다. 형주에 사는 장감이라는 남자에게 아리따운 딸이 2명 있었다. 미인박명이라 했던가. 언니 쪽은 젊은 나이에 세상을 떠나고 말았다. 그래서 장감은 하나 남은 작은딸 청녀를 금이야 옥이야 키웠다.

장감의 집에는 왕주라고 하는 조카가 몸을 의탁하고 있었다. 시쳇말로 꽃미남이라 사촌인 청녀와 잘 어울렸다. 두 사람은 사랑했고 서로 결혼할 사이로 굳게 믿고 있었다. 그런데 장감은 딸 청녀를 고등문관시험에 패스한 품행이 방정하고 학업성적이 우수한 다른 청년에게 시집보내려고 마음먹고 있었다.

그 사실을 안 왕주와 청녀는 충격을 받았고, 두 사람 사이에 균열이 생기기 시작했다. 결국 왕주는 장안이라는 도시로 가서 공부를 하겠노라고 그 집을 나와버렸다.

피곤했던 왕주가 잠시 강가에 배를 세우고 쉬는데 누군가 물가를 뛰어오는 발자국 소리가 들렸다. 그쪽을 돌아보자 청녀가 와 있었다. 두 사람은 서로를 끌어안았다. 일이 이렇게 되자 다시 청녀의 집으로 돌아갈 수도 없고 해서 두 사람은 왕주의 고향인 촉나라로

가서 그곳에 정착해 부부의 연을 맺었다. 그리고 5년이라는 세월이 흘러 두 사람 사이에는 귀여운 아이가 2명 생겼다. 두 아이의 엄마가 된 청녀는 멋대로 집을 뛰쳐나온 불효를 한탄하는 마음이 점점 깊어졌다. 그래서 두 사람은 다시 청녀의 고향을 찾아가기로 했다.

청녀는 장감의 집 근처에서 일단 기다리고 있고 먼저 왕주 혼자 삼촌의 집으로 들어갔다. 그런데 그간의 이야기를 모두 들은 장감은 의아해하며 물었다.

"자꾸 청녀, 청녀 하는데 그건 대체 누구를 말하는 것이냐?"

장감은 뭔가 홀린 듯한 기분이었다. 그 이유인 즉, 왕주가 장감의 집을 나가버린 이후로 청녀는 몹시 침울해져 줄곧 몸져누워 있었기 때문이다. 장감은 하인을 시켜 밖에 서 있는 청녀를 데려오게 했다. 하인이 가서 보니 영락없는 청녀였다. 그리고 그 청녀가 집에 들어서자 실로 괴이한 일이 벌어졌다. 대문 앞에 나와 있던 병에 걸린 청녀와 촉나라에서 돌아온 청녀가 순식간에 하나로 합체한 것이다.

"왕주가 떠나고 혼이 나간 것처럼 멍하니 말도 하지 않은 이유를 이제야 알겠다. 너의 혼은 왕주에게 가 있던 것이로구나."

이 말을 들은 청녀는 이번에는 제대로 입을 열었다.

"제가 집에 누워 있었다니 꿈에도 몰랐습니다. 5년 전 그날, 왕주가 화가 나서 저에게 아무 말없이 떠나버렸다는 것을 알고 도저히 견딜 수가 없어 그를 따라갔습니다. 촉나라에서 왕주와 산 것이 진짜 저인지, 집에 누워 있던 것이 진짜 저인지 잘 모르겠습니다."

어쩐지 괴기스러운 이 이야기는 선화로도 사용되고 있다. '어느 쪽이 진짜인가' 즉, 2명의 청녀 중 대체 어느 쪽이 진짜 청녀인가 하는 것이다. 실로 유쾌한 공안이다. 만약 어느 한쪽이 진짜라고 말한다면 그 사람은 아직 멀었다. 양쪽 다 '진짜'다.

중요한 건 왕주와 헤어진 청녀의 혼이 왕주의 뒤를 따라갈 만큼 깊이 슬퍼했다는 사실이다. 그걸 보지 못하니까 어느 쪽이 진짜냐는 소리를 하고 있는 것이다.

청녀는 철저하게 슬퍼했기에 비현실적으로 다른 세상에서 살 수 있었다. '우렁이의 일념, 바위도 뚫는다'는 말이 있듯, 인간이 극한의 상황에서 최선을 다해 산다면 자연히 길이 열리지 않겠는가.

오늘을 살아간다

어떤 의미에서 '추억'은 곧 '죽음'이다. 추억을 되새기며 산다는 것은 과거에 끌려다니며 사는 것과 같다. 즉, 현재를 살지 않는다는 것이다. 그때 그곳에서 최선을 다해 살고 있지 않다는 것이다. 돌아가신 아버지의 관 위에 올라앉아 소리 내어 울던 그 남자도 가출을 해서 머나먼 타지에 살았을 때는 다정했던 아버지의 추억 속에 살았다. 그때 그곳에서 최선을 다해 살지 않았다는 소리다. 하지만 아버지가 돌아가시고 나서야 남들 시선을 상관하지 않고 펑펑 눈물을 흘렸다. 그때 그곳에서 최선을 다해 산 것이다. 그 후 그 남자에 대한 소식은 듣지 못했지만 분명 어디선가 열심히 살아갔을 것이다.

다이센인에는 고산수枯山水(산수를 돌과 모래로만 표현한 정원)가 있다. 이는 인생을 상징한다. 봉래산 폭포에서 떨어져 내려오는 급류는 제방에 막혀 일단 멈춰 선다. 이 제방은 인생의 장벽이다. 하지만 이 장벽을 뚫고 물은 계속해서 흘러가며 그 물은 큰 강으로 이어진다. 거기에는 물살을 타고 나아가는 옥배가 있고, 물살을 역행하려는 영귀석靈龜石이 있다. 이 영귀석은 시간을 역행해 과거를 향해 후퇴해가는 푸념 많은 인간의 모습을 상징한다.

"그때 그런 인생의 장벽만 없었더라면……."

끝나버린 일을 언제까지고 투덜거리는 사람들이 있다. 끝나버린 과거의 일에 손을 뻗으면서 그저 한탄하고 있는 사람, 과거의 일을 자랑하는 사람들은 실은 살아 있는 것이 아니다. 살아 있는 생명이 아니다.《반야심경》에서 말하는 '제행무상諸行無常 시생멸법是生滅法'은 그런 '유령'이나 '도깨비'로 살지 말라는 소리다.

당신도 철저하게 지금 여기에서 온 힘을 다해 살지 않겠는가.

12. 소란을 신경 쓰지 않는다

: 소용돌이 속에서 살아간다

소란 속으로 뛰어들다

우리 절에 찾아온 젊은이들에게 이런 질문을 한 적이 있다.

"강이 있다. 강 건너편에서 2명의 남자가 싸움을 하고 있다. 그 싸움을 어떻게 말릴 것인가."

대답은 대충 다음과 같은 것들이었다.

첫째. 물속을 걷거나 헤엄치거나 해서 건너편으로 간다. 배가 있으면 배로 간다. 일단 가서 말린다.

둘째. 크게 소리 질러 중재한다.

셋째. 이쪽 강변으로 사람을 많이 불러모아 싸움을 지켜본다. 많은 사람이 보고 있으면 더 이상 싸우기 힘들어질 것이다.

넷째. 싸우고 있는 사람들을 험담하고 온갖 욕설을 퍼붓는다. 그러면 싸움의 화살이 이쪽으로 향하게 되어 그쪽 싸움은 자연히 끝이 날 것이다.

모두 다양한 방법을 생각해냈다. 전부 좋은 대답이다. 하나하나 따져보자. 아, 나라고 정답을 알 리 없다. 그때 그 장소에 함께 있어 보지 않고서는 알 수 없는 일이다. 어쩌면 나는 신발을 머리 위에 얹고 부리나케 도망칠지도 모른다.

그보다도 당신은 이 질문에 대해 얼마나 진지하게 생각했는가. 당신이 그 상황에 부딪쳤다고 생각하고, 절박한 심정이 되어 얼마나 필사적으로 이 내용과 하나가 되었는가. 그것이 중요하다. 대답은 어떠해도 상관없다. 다시 말해 그 입장이 되어 보는 것, 당사자가 되어 보는 것, 이른바 '소용돌이에 휘말린 사람'이 되어 보는 것이다.

그러고 보니 누군가는 '이쪽 강변에서도 싸움 상대를 골라서 싸우기 시작한다'고 답했다. 제법 괜찮은 답이다. 그런데 이어 '주의를 딴 데로 돌리기 위해서'라고 말했기 때문에 완전히 틀려버렸다. 주의를 돌리거나 말거나 그건 전혀 상관없는 문제다. 그것은 '이렇게 하면 저렇게 될 것이다'라고 억지로 꿰맞춘 논리에 불과하다.

어쩔 수 없이 자신도 소용돌이 속으로 뛰어들어야 비로소 길이 열리는 것이다. 강 건너편의 싸움은 타인의 싸움이 아니다. 자신의 싸움이다.

'이 종을 멎게 해 보아라'라는 공안이 있다. 그러면 그 종을 스스로 울려봐야 한다. 종을 쳐서, 그 소리를 자신의 마음속에 담아두는 것이다.

앞서 말했듯 '동중의 수행은 정중의 수행보다 백천만배 뛰어나다.' 좌선으로 단련하고 힘을 얻는 것이 '정중의 수행', 이것을 일상생활 속에서 활용하는 것이 '동중의 수행'이다. 일상생활에서는 갖가지 사태에 대처해나가지 않으면 안 된다. 그리고 일상생활을 하면서 그때 그 장소에서 진지하게 살아가는 것은 다름 아닌 소용돌이 속에서 살아가는 것이다. 따라서 일상생활의 장에서 살아가는 것은 좌선과 비교할 수 없을 만큼 여러 가지 것을 체득할 수 있다.

메이지 시대, 니시아리 보쿠잔西有穆山 선사가 도호쿠 지방의 한 절에 있던 시절의 이야기다. 보신 전쟁 중, 달아나던 막부 측 무사가 숨겨달라며 절로 뛰어 들어왔다. 그리고 간발의 차로 관군 병사가 무사를 쫓아 절로 들어왔다.

"숨겨놓은 무사를 내놓아라."

보쿠잔 선사는 조금도 당황하지 않고 대답했다.

"그런 자는 이곳에 없소이다."

"절로 들어가는 것을 내 두 눈으로 똑똑히 보았다."

관군 병사는 허리에 찬 검을 뽑아들었다.

"아, 나를 죽일 작정인가. 그래도 상관없소. 죽여도 좋소. 다만, 잠시 기다려보시오. 졸승도 사람이오. 이 세상을 하직하는데, 술이나 한잔 기울이고 가게 해주시오."

보쿠잔 선사도 상당한 자였으니, 옆에 있는 술병을 집어들어 여유 있게 술잔을 기울였다. 그러자 의욕에 넘치던 관군 병사는 김이 빠져버렸는지 뭔가 투덜거리며 절을 나가버렸다.

주위에 있던 누군가가 이를 지켜봤다면 감탄했을 것이다.

"과연 선사님이시다. 허울뿐인 수행이 아니었어."

하지만 그런 것이 아니다. 보쿠잔 선사의 입장에서는 필사적이었다. 처음에는 관군과 무사의 싸움 따위 어차피 남의 일에 지나지 않았다. 그런데 우연히 무사를 숨겨준 것으로 어느새 타인의 싸움에 휘말렸다. 그뿐이 아니다.

"무사를 내놓지 않으면, 너를 베겠다."

관군은 보쿠잔 선사를 향해 칼을 꺼내들었다. 죽느냐 사느냐의 순간이었던 것이다. 상황이 그렇다 보니 보쿠잔 선사는 자포자기 심정으로 그저 좋아했던 술을 마신 것뿐이다. 관군 병사의 마음을 홀리려는 여유 같은 건 없었다. 조작이나 속임수도 없었다. 그저 그 때 그곳에서 자신이 느끼고 원하는 일을 했을 뿐이다.

한 잔의 술로도 '사람, 망루에 오르다'라는 선어가 있다. 단 한 잔 술이라 해도 흥에 겨워 망루에 올라 달을 사랑하고 꽃을 어여삐 여긴다는 것이다. 그것이 좋은 것이다. 흥겨우면 흥겨운 대로 시끄럽게 들떠 있는 것이 좋다. '피리를 불어도 춤추지 않는다(온갖 수를 다 써서 꾀어도 상대가 응하지 않는다)'라는 말은 '피리를 불면 춤춘다'로 바꾸고, '남산에서 북을 치면, 북산에서 춤춘다(친밀한 사제 관계를 표현한 선어)'여야 하지 않겠는가. 그것이 생동감 넘치는 인간의 모습이다.

소란을 피워 상대를 공격하다

그런데 때로는 힘을 너무 써서 일을 그르치는 경우도 있다. 그때 그곳에서 필사적이 되어 노력하는 것은 좋지만 너무 달려들면 거기서 여러 가지 망설임과 고민이 생기게 된다. 스포츠 선수가 큰 국제 경기에서 너무 힘을 쓰는 바람에 평소 실력의 절반도 발휘하지 못한 채 경기를 끝내는 경우가 바로 그러하다.

그것과 관련해 감동한 일이 있다. 1972년 뮌헨 올림픽에서 금메달을 딴 수영 선수 다구치 노부타카田口信孝 선수에 대한 일이다. 그전까지 일본 선수들에게 없었던 무언가를 나는 그 선수에게서 보았다.

스포츠란 천부적인 소질이 있어도 분명 피나는 연습이 필요할 것이다. 자신이 1등으로 골인한 것을 확인한 그는 주먹 쥔 한쪽 손을 높이 치켜들고 "해냈다! 모두 보라고!"라고 말하듯 의기양양한 표정을 지어 보였다. 이것은 이전의 일본 선수에게서는 볼 수 없는 광경이었다. 눈물을 흘리는 경우는 있어도 기쁨을 온몸으로 표현하는 일은 없었다. 애써 숨기려고 했다. 그런데 다구치 선수는 하늘을 뒤덮고 땅을 뒤덮을 만큼 있는 힘껏 자신의 기쁨을 표현했다. 이것만으로도 다구치 선수의 우승이 당연하게 느껴졌다.

그다음 날 신문에 그의 인터뷰 기사가 실렸다.

"'나는 절대로 질 리 없다. 강하다'고 생각하며 마음을 다잡았습니다. 예선 기록을 봤더니 반환점을 돌고 되돌아올 때 나는 다른 선수들보다 1초가 빨랐습니다. 결승에서도 라스트스퍼트로 앞지를 자신이 있었습니다."

실제로 그의 라스트스퍼트는 매우 훌륭했다. 뒤에서 가면 앞 선수의 모습이 잘 보인다. 다구치 선수는 앞 선수를 제치고 쭉쭉 앞질러나갔다. 추월당하면 인간은 초조해지는 법이다. 초조함은 정신적으로 피로감을 가져온다. 정신적 피로는 곧 육체적 피로가 된다. 몸이 뜬다. 반면 다구치는 편안하게 앞 선수를 제치고 골인했다.

다구치 선수도 인간이다. 뻣뻣하게 경직되는 순간도 있었다. 사실 스타트 직전의 그는 몹시 경직되어 있었다. 그러나 그것을 스스로 풀었다. 외국 선수 중 한 명이 부정 출발을 했다. 그때 극도로 긴장하고 있던 다구치 선수는 문득 뒤쪽의 다이빙 풀이 눈에 들어와 거기로 첨벙 뛰어들었다. 이것으로 다구치 선수는 온전히 자기 자신을 되찾을 수 있었다. 솔직해질 수 있었던 것이다.

흔히 일본 선수들은 '본경기'에 약하다고 말한다. 확실히 그렇다. 그것은 '본경기에서 잘하자'고 생각하며 연습을 하기 때문이다. 진짜 본경기란, 실제로 그 순간 그곳이 되어보지 않고서는 알 수 없는 일이다. 가짜 본경기만 생각해왔기 때문에 막상 그 순간이 닥치면 달라진 상황에 당황하게 되는 것이다. 인간이란 그렇게 1년 내내 긴장감을 유지하며 살지 못한다.

검도에서도 그렇다. 검의 달인은 공격해 들어갈 때 반드시 상대에게 빈틈을 보인다. 우선 손끝을 살살 움직인다. 그러면 상대는 그것에 반응한다. 또, 손을 옆으로 혹은 뒤쪽으로 움직인다. 그러면 상대는 그것을 놓치지 않고 공격하려고 몸을 움직인다. 그때 상대의 자세가 무너진다. 그러면 검의 달인은 편하게 상대를 공격할 수 있다. 달인이 되면 상대방의 힘을 이용해 상대방을 이길 수 있다. '본경기'에 강하다는 건 이런 마음가짐이 있느냐 없느냐에 달려 있다.

차의 달인 센노리큐에게 이런 일화가 있다. 시즈가타케의 칠본창七本槍 중 한 사람인 가토 기요마사加藤清正를 초대했을 때의 일이다. 다실에 들어온 기요마사는 자신이 앉은 자리 옆에 칼을 내려놓았다. 그것을 본 센노리큐는 그를 나무라며 칼을 칼걸이에 제대로 놓은 후 앉아달라고 했다. 그러자 기요마사는 그것을 거부하며 이렇게 말했다.

"칼은 무사의 혼이기 때문에 잠시도 떼어놓을 수 없습니다. 아무리 차를 마시는 자리라 해도 그건 마찬가지입니다."

그 말을 들은 센노리큐는 하는 수 없이 가볍게 응했다.

"그럼 그렇게 하십시오."

그리고 조용한 표정으로 예를 갖춰 차를 준비했지만 내심 적잖이 동요했던 것인지 센노리큐는 그만 차솥을 뒤엎어버렸다. 순간, 주변에 불에 탄 재의 티끌이 날아올랐다. 티끌이 주변을 뒤덮으며 다실은 한 치의 앞도 보이지 않게 되었다. 모두가 바깥으로 뛰어나갔다. 그때 다실 안에서 센노리큐의 침착한 목소리가 들려왔다. 센노리큐 혼자 다실에 남아 있던 것이다.

"기요마사 님. 여기, 무사의 혼이 남아 있습니다."

당대 제일의 호걸 가토 기요마사도 이것만은 '내가 졌다'고 생각했다.

센노리큐도 기요마사가 다실에 칼을 가지고 들어온 것에 다소 당황했을 것이다. 그 때문인지 그만 차솥을 뒤엎어버렸다. 해프닝이 해프닝을 낳은 것이다. 천하의 센노리큐 입장에서 보면 차솥을 뒤엎는 실수는 도저히 용서받을 수 없는 일이었을 터다. 그때 그는 단애절벽 끝에 서 있는 것과 마찬가지였을 것이다. 그런데 그곳에서 다시 침착함을 되찾아 상황을 일변시키다니 참으로 얄궂은 이야기가 아닌가. 아, 정말로 유쾌하다. 센노리큐 씨, 그때 그 장소에서 당신은 있는 힘껏 살았군요.

자기 자신을 막다른 곳에 몰아넣고 그곳에서 빠져나오는 것, 그것이 진짜다. 움직임은 반드시 다음 움직임을 부른다. 자신의 결점이어도 좋다. 그 결점을 다 드러내야 한다. 인간은 맨몸뚱이일 때 가장 강하다고 하지 않는가.

전에 이런 이야기를 들은 적이 있다. 맞선 자리에서 남자가 그만 방귀를 뀌고 말았다. 그때까지 여자는 잘난 척만 하는 남자가 재미없고 시시하게 느껴져서 가까워지기 힘들겠다는 생각을 하고 있었다. 그런데 남자가 방귀를 뀌는 바람에 친근감이 들었고 그 후로 데이트가 원만하게 잘되어 두 사람은 결혼에 골인했다고 한다. 방귀를 뀌었을 때 과연 그 남자는 뭐라고 했을까? 남자는 이렇게 말했다고 한다.

"헤헤, 제가 선천적으로 요란한 사람이거든요."

그때 남자는 아무런 계산도 없이 그저 부끄러운 마음에 튀어나온 말이었다고 한다. '궁하면 통한다'란, 바로 이럴 때 쓰는 게 아닐까.

궁지에 몰린 쥐는 고양이를 깨무는 법이다.

소란에 조종당했다고 말하지 마라

신도 중에 몹시 다혈질인 젊은 남자가 있었다. 사소한 일에도 금방 발끈해 자기도 모르게 주먹을 휘둘렀다. 평소에는 애써 냉정함을 가장하고 있었는데 그 때문인지 1미터 90센티미터나 되는 거구의 이 남자는 보기 딱할 정도로 기운 없는 얼굴을 하고 있었다. '소금 먹은 푸성귀'처럼 풀이 죽어 있다는 게 이런 걸 두고 하는 말인가 싶은 생각이 들 정도였다. 그러나 그러다가도 뭔가 일이 생기면 순식간에 얼굴이 붉게 달아올랐다.

한번은 이런 일이 있었다. 싸움이 있는 곳과 불이 난 곳에는 가까이 가지 않겠다는 생활신조를 지닌 이 남자가 어느 날 술을 마시고 번화가를 걸어가는데 하필 그곳에서 싸움이 벌어지고 있었다. 야쿠자와 대학생 간의 싸움이었다. 그리고 운 나쁘게도 대학생 그룹은 그의 후배였다. 운동부 시절 이름 꽤나 날리던 그이지만 이제는 한 사람의 선량한 시민으로 살아가겠노라고 다짐을 하고 있었는데 그 순간 자신도 모르게 주먹질과 발길질을 하고 말았다. 처음에는 싸움을 말릴 생각이었는데 결국 어두운 유치장에서 하룻밤을 보내고 회사에까지 그 일이 알려져 꼴이 말이 아니게 되었다.

나는 예전에 그에게 이렇게 말한 적이 있다.

"그걸로 된 것이다. 평소의 네 모습 그대로. 너는 언제나 도망을 치고 있다. 그렇게 도망만 치다가는 언젠가 폭발해버리지 않겠느냐."

살아가는 하루하루의 현장을 도망치지 말고 열심히 살아가라고 여러 번 말했다.

이와 관련해 생각난 것이 다음 이야기다.

효고 현 히메지 변두리에 류몬지라는 선사가 있다. 에도시대에 지어진 절이다.

어느 날, 신도 중 한 사람이 이 절의 개조開祖인 반케盤珪 선사를 찾아왔다.

"타고난 성미가 급해 괴롭습니다. 어떻게든 고쳐보려고 노력했습니다만 도저히 고쳐지질 않습니다. 어떻게 하면 이 타고난 성미를 고칠 수 있을까요?"

반케 선사가 답했다.

"당신은 태어날 때부터 희한한 것을 가지고 태어났군요. 그런 별난 것을 가지고 있다면 지금, 여기서 한번 꺼내 보여주지 않겠습니까?"

그러자 신도는 어떻게 대답했을까.

"아니요. 지금 여기서 보여 달라고 말씀하셔도 그렇게 당장 끄집어낼 수는 없습니다. 생각지도 못한 순간에 불쑥 튀어나와 버리거든요."

반케 선사는 그 말을 듣고 이렇게 말했다.

"그렇다면 전혀 천성이라고 말할 것이 못 되는군요. 어느 순간 불쑥 튀어나오는 건 천성이 아니지 않습니까? 자기 멋대로 꺼냈다가 담아뒀다가 하고 있으면서 천성이라는 둥 부모 탓을 해서는 안 됩니다. 지금과 같은 평상시의 마음으로 지내도록 하세요."

신도는 이 말을 듣고 뭔가 깨달았다고 한다.

조금 전에 이야기한 다혈질의 젊은이에게 마지막으로 나는 이렇게 말했다.

"척추뼈로 있는 힘껏 버티며 살아라. 도망쳐서는 안 된다. 너는 척추뼈로 서 있다. 단지 척추뼈만 있을 뿐이다."

나는 이 젊은이를 격려해주었다. 정말 그렇다. 이 세상에는 척추뼈가 있을 뿐이다. 척추뼈로 최선을 다하는 것이다. 이것만 알고 있으면 신이 나서 춤을 추든 조종을 당해 춤을 추든 중요치 않다.

태평양전쟁에서 '대본영 발표(전쟁 당시 육군과 해군이 공식적으로 발표한 내용. 갈수록 현실과 다른 허위 발표가 이어졌다)'에 조종당했다며 전쟁이 끝난 후 피해자인 양 떠들어대던 자들이 있었다. 분명 소외된 처지에 놓여 아무것도 모르는 사람도 있었다. 하지만 어느 정도의 정보를 가지고 있으면서도 아무것도 하지 못했던 주제에 '조종당했다'고 말하는 자들은 너무나 괘씸하다.

　매스컴 정보도 그렇다. 걸핏하면 '정보공해'라고 하는데 절대로 매스컴에 조종당했고 하지 마라. 그저 당신은 척추뼈를 곧게 세우고 살아가면 되는 것이다.

13. 난처함을 신경 쓰지 않는다

: 궁지에 몰리다

나라면 어떻게 할 것인가

중국에 이런 이야기가 있다.

옛날, 한 노파가 수행 중인 선승을 봉양하고 있었다. 노파는 작은 암자를 짓고 그 선승을 12년이나 그곳에서 머물게 했다. 그러던 어느 날, 노파는 무슨 생각이었는지 자기 대신 어린 딸에게 선승의 시중을 들게 했다.

'아무도 없는 암자에서 나어린 처녀와 둘만의 시간을 보낸다. 아무리 수행 중인 선승이라도 유혹을 견딜 수 있을까.'

노파는 선승의 수행 정도를 시험해본 것이다. 그런데 선승은 노파의 속마음을 알아챈 것인지 수개월이 지나도 처녀의 손가락 하나 건드리지 않았다. 노파는 다음 계책을 강구해 딸에게 뭔가 귓속말을 건넸다. 딸은 좌선을 하고 있는 선승의 뒤로 가 그에게 매달리며 귀에 대고 속삭였다.

"제가 이런 짓을 하면 분명 크게 화를 내시겠지요."

이에 선승은 다음과 같이 답했다.

"고목이 차가운 바위에 의지하고 섰으니 삼동처럼 난기가 없도다."

마른나무가 차가운 바위를 의지한 것과 같이 겨울의 석 달처럼 몹시 차갑고 맑은 심경이므로 처녀를 전혀 신경 쓰지 않는다는 의미다.

소녀는 더는 선승에게 말조차 붙일 수 없어 풀 죽은 채로 노파에게 가서 그 사실을 알렸다. 노파는 불같이 화를 냈다.

"내가 20년 동안 고작 이런 속물을 봉양해왔단 말이냐!"

노파는 선승을 내쫓고 암자를 불태워버렸다. 실로 무서운 이야기가 아닌가. 이것은 《갈등집葛藤集》에 나오는 〈파자소암婆子燒庵〉이라는 유명한 선화다.

이 선승은 계율을 엄격히 지키며 수행을 하고 있었기에 여자의 마성의 유혹을 필사적으로 참아냈다. 그러나 이 선승보다 한 수 위인 노파가 보기에 그는 애송이에 불과했다. 그리 완고해서야 수행은 글렀다고 생각한 것이다.

'풍취부동천변월風吹不動天邊月, 설압난최간저송雪壓難摧磵底松' 바람이 아무리 불어도 달은 움직이지 않으며, 눈이 아무리 쌓여도 골짜기의 소나무는 끄떡도 하지 않는다는 말이다. 하지만 한겨울처럼 온기가 없어서는 곤란하다. '무슨 일이 생겨도 꿈쩍하지 않는 것이 신경 쓰지 않는 것'이라고 말하고 싶겠지만 그렇지 않다. 그것은 도망치는 것이다. 부딪치는 것이 아니다.

망설임이 없으면 안 된다. 망설이면서도 필사적으로 무너뜨리기 어려운 대상에 부딪쳐 나가는 자세가 있어야 한다. 노파는 선승에게 그것을 바랐음에 틀림없다.

하지만 노파가 원하는 대로 했어도 이 역시 화가 날 일이 아닌가. 또한 수행을 때려치운다면 그것 역시 곤란하다. 가람의 보전을 위해 암자를 태우지 말았으면 좋았을걸. 노파의 말도 한번 들어보고 싶다. 한쪽의 입장만 들으면 다른 한쪽의 반발이 생기기 마련이다. '부모에게 효를 다하면 불충이 되고, 주군에게 충성을 다하면 불효가 된다'는 말이 있다. 맞는 말이다.

'딸을 품었다면 노파는 선승을 안 내쫓았을까.'

만약 이런 생각을 하고 있다면 그건 〈파자소암〉 이야기에 사로잡힌 것이다. 그건 그때의 일이므로 우리는 알 수 없다. 또한 '수행승은 어떠해야 한다'고 생각하는 것 역시 소용없는 짓이다. 그것은 다른 사람의 이야기라고 생각하고 있기 때문이다. 자신이 그 상황에 맞닥뜨렸을 때 과연 어떻게 할 것인가 하는 것이 〈파자소암〉의 질문이다.

나는 '청녀이혼'의 이야기에서 '어느 쪽이 진짜인가' 하면 둘 다 진짜라고 했다. 그리고 어느 쪽이 진짜 자신인지 알 수 없을 만큼 막다른 지경에 몰렸을 때 그 정도로 절박한 상태가 바로 진짜라고 했다. 여기서도 마찬가지다. 〈파자소암〉의 이야기에 얽매이지 말고 자신을 그 상황에 몰아넣어야지 진짜 자신의 모습이 나타난다.

궁지에 몰리다

나는 석가모니가 아니고 달마도 아니고 위대한 선사도 아니다. 늘 자신감에 차 있는 것도 아니다. '자신불급自信不及'이란 말이 있다. 다음 사건을 자기 자신의 모습을 보는 마음으로, 자신도 똑같은 짓을 저지를지 모른다는 마음으로 읽어주길 바란다.

어느 날 아침, 신문 사회 면을 보다가 큰 활자로 된 기사 제목에 눈길이 멈췄다.

"도랑에서 여성의 한쪽 다리 발견, 아이치 현 토막 살인 사건"

그런데 그 기사 아래쪽에 '전직 교사가 여성을 협박, 3개월간 전보와 전화로 수십 회'라는 제목의 기사가 있었다.

(목을 씻고 기다려라)

"3개월간, 수십 회에 걸쳐 전화와 전보로 여성을 협박한 전직 중학교 교사가 나카다치우리 서로 연행되어 오늘 송청된다."

마흔두 살의 중학교 교사가 재직 중에 한 여자와 알게 되었다. 그 여자는 하숙을 하고 있어 그녀와 통화하려면 하숙집으로 전화를 걸어야 했는데, 그는 하숙집 주인댁의 전화 응대가 불친절하다는 이유로 화가 나서 학교 전화와 전보를 이용해 계속해서 주인댁을 협박했다고 한다. 내가 흥미를 가진 점은 그가 '장난 전화를 시작한 지 한 달이 지나 가정사를 이유로 근무지인 중학교를 퇴직'했다는 사실이었다.

이 남자가 하숙집 주인댁을 협박하기까지 그는 가정이나 학교, 친구 문제로 복잡한 고민과 걱정거리를 가지고 있었음에 틀림없다. 그러니 새로운 여자와도 만나게 되었을 것이다. 또한 그는 경찰 조사가 시작되기 전에 일을 그만두었다. 분명 가정에 커다란 문제가 생겼을 것이 분명하다. 그 때문에 자신감을 잃어버렸고 자신감 상실이 더 큰 굴레가 되어 커져갔을 것이다. 남자는 이처럼 도저히 손 쓸 방도조차 없는 상태에서 하숙집 주인댁을 협박하는 짓을 계속해 왔던 것이다.

자기 일이 아니라고 너무 차가운 시선으로 봐서는 안 된다. 나도 언젠가 이런 상황에 처하게 될지 알 수 없는 일이다. 나는 그런 마음으로 이 기사를 읽어 내려갔다.

'자신불급'이란 그런 것이다. '자신감이 미치지 못한다'는 뜻인데, 자신감이라는 것은 절대로 충분할 수 없다. 진짜 충분한 자신감이 있다고 한다면 그건 거짓말이다. 자신감이 없는 부분이 있기 때문에 역으로 자신감이 있는 부분이 있는 것이다. 자신감이란 거기에서 탄생하는 것이며 인간은 누구나 그런 부분을 가지고 있다. 자신감은 완전할 수 없다.

사실 자신감이 있네 없네 말해 봤자 어차피 인간은 절박한 상황에 몰리면 뭐든지 다 하게 되어 있다. 물이 필요하면 자신의 오줌을 마실 수도 있고, 먹을 것이 없으면 인육까지 먹을지도 모른다.

내가 들은 바로는 요즘의 직장인들은 모두 지나치게 예스맨이 되어 있는 듯하다.

"언제까지 이 일을 처리해주게."

자신의 능력에 버거운 일을 맡아도 죽을힘을 쓰며 일을 하는 것이다. 그리고 그 일이 끝나고 나면 주어진 기일이 눈 깜짝할 사이에 지나가 버렸다던가 하는 경우가 있을 것이다.

나는 회사 경영자와 상사들에게 아무리 사소한 것이라도 어중간한 마음으로 일을 시키지 말라고 조언한다. 현장에서 일하는 직장인들에게는 결코 예스맨이 되지 말라고 말하고 싶다. 그것은 꼭두각시 인형과 마찬가지다. 타성에 젖어 살아가는 것에 불과하다. 자립심이 없는 빈껍데기 같은 모습으로 살기는 싫지 않은가. 타인이라면 상관없다. 그러나 나 또는 내 자식의 일이라면 참을 수 없다.

상사가 진지한 마음으로 부딪쳐온다면 이쪽도 진지한 마음으로 응해야 한다. 진지한 마음과 진지한 마음이 서로 부딪치고, 성의와 성의가 부딪치는 것이 중요한 것이다. 거기에 생명과 생명이 힘차게 흐르고 있다.

현대사회는 목숨이 아슬아슬할 정도의 절박한 상황으로 자신을 몰아넣기가 매우 어려운 시대다. 옛날에는 결혼을 약속한 사람이 있어도 부모와 윗사람이 권하면 울면서 낯선 상대와 결혼해야 했지만 요즘에 그런 일은 없다. 하지만 옛날에는 이렇게 어쩔 수 없는 절박한 상황에서 자신을 단련시키는 일도 있었다.

곤란을 미리 내다보고 앞서나가다

아내와의 두 번째 권태기로 매일 우울한 얼굴을 하고 있는 남자가 있었다. 그는 어느 대기업의 총무부 인사 부장으로, 술도 마시지 않는 무척 성실한 남자였다. 신입 사원 교육에 관한 일로 그가 내게 상담을 하러 왔던 것이 계기가 되어 친해졌는데, 그는 바람을 피울 만큼 기력이 넘치는 남자도 아니었다.

첫 권태기 때는 첫아이가 심장병으로 입원을 하는 바람에 죽네 사네 하는 큰 소동이 있었다. 연일 조마조마하는 심정으로 병원에 다닌 결과 어찌어찌 아이의 생명을 구할 수 있었다. 그 위기로 인해 두 사람이 하나가 되어 극복했다는 일체감과 긴장감 때문인지 부부 사이는 어느새 원래대로 원만해졌다.

그리고 두 번째 권태기가 찾아왔다. 절박한 상황에서 그가 생각해낸 고육지책은 아내에게 바람을 피우고 있는 것처럼 거짓으로 꾸미는 것이었다. 부부 사이에 뭔가 극적인 사건이 필요하다는 생각에 아내에게 거짓말을 한 것이다.

그런데 이 순진한 남자, 거짓말을 아주 간단히 아내에게 들키고 말았다. 마시지도 못하는 술을 무리해서 마시고 들어가고, 그제껏 봉투를 열어서 준 적이 없는 월급봉투도 온전히 주지 않았다. 그리고 매주 목요일에는 반드시 막차를 타고 집에 들어갔다. 자기가 직접 산 여자 향수를 목덜미에 칙칙 뿌리고……. 하지만 어차피 거짓은 거짓. 종이호랑이는 금방 찢어지기 마련. 아내의 날카로운 추궁에 앞뒤가 맞지 않는 말만 늘어놓다가 결국 탄로가 나고 말았다.

그 점에 있어서는 아내 쪽이 한 수 위였다. 엄청난 후각과 기억력으로 수상한 점을 금세 탐지해냈다. 가상의 여성에게 선물한 것으로 되어 있던 향수 샤넬이 다음 날에는 겔랑으로 바뀌어 있던 것이다. 그가 자신이 했던 말을 까맣게 잊어버리고 순간순간 머릿속에 떠오르는 것을 불쑥 말한 탓이다. 그러자 아내는 기다렸다는 듯이 그를 추궁했고 그는 결국 아내에게 모든 것을 자백했다.

나는 거짓말이 싫다. 인간은 거짓말을 부끄러워해야 한다. 부끄러워하지 않는다면 인간으로서의 매력이 없어진다. 그런데 꼭 거짓말을 해야 한다면 철저하게 해야 한다. 만약 거짓말이라면 지금 막 탄생한 거짓말이어야 한다. '거짓말이 거짓말을 낳는다'는 말이 있다. 선의 세계에서는 '일견폐형백견폐성—犬吠形百犬吠聲(개 한 마리가 뭔가를 보고 짖으면 수많은 개가 그 소리를 따라 짖는다는 뜻으로, 한 사람이 거짓말을 퍼뜨리면 많은 사람이 그것을 사실처럼 퍼뜨린다는 의미)'이라고 한다. 또 '설상가상', '은주발 위에 담긴 흰 눈銀椀裏盛雪'이라고도 한다.

그런데 거짓말은 끝까지 할 수가 없는 법이다. 조금 전에 이야기한 남자의 경우처럼 상대를 끝까지 속일 수는 없다. 아내들이란 남편에 대해 속속들이 알고 있으며 눈치도 빠르기 때문에 겉으로 다 드러내야 한다. 그렇게 하지 않으면 문제가 해결되지 않는다. 아내를 위해서 잘해 보려는 마음에 한 거짓말이 오히려 아내의 마음을 짓밟는 꼴이 된다. 차라리 '이제 다시는 안 그러겠습니다'라고 말하고 또 하면 된다. 그 편이 더 아내를 위하는 길이다.

앞서 나는, 요즘 세상에는 절박한 상황에 몰리는 일이 그다지 없다고 했다. 하지만 이런 이야기를 들은 적이 있다. 예를 들어 하나의 계획이 입안된다고 하자. 대차대조표상으로 봤을 때 손익은 거의 비슷한 수준이다. 그럴 경우 유럽의 실업가들은 냉정하게 그 계획을 백지화시킨다고 한다. 그리고 미국의 실업가들은 주위의 반응을 먼저 살피고 그 계획을 밀어붙일지 말지 최종 결정을 내린다고 한다. 마지막으로 일본의 실업가들은 일단 실행부터 한다고 한다. 그것에 대한 주위의 반응도 눈치채지 못한 채 당장 행동으로 옮기는 것이다.

저널리스트 류신타로笠信太郎의 명저《사물을 보는 관점과 사고방식》에서도 말했듯, 일단 걸음부터 내딛고 나서 생각하는 것이 일본인이다. '생각'보다 먼저 '행동'을 한다. 나는 최근에 일본에서 이 활력이 쇠약해졌음을 느낄 때마다 슬프다. 어딜 가든 가는 곳마다 반드시 파란을 일으키는 그 행동력을 나는 소중히 여기고 싶다.

한 남자가 숲이 우거진 산을 담보로 돈을 빌려주었다가 그 돈을 받지 못하게 되자 산을 헐값에 팔아버렸다. 그런데 이듬해에 태풍으로 그 지방에 산사태가 나서 그 산도 역시 상태가 엉망이 되어 버렸다. 그 남자는 나무가 많은 산지는 지반이 약해서 무너지기 쉽다는 것을 알고, 돈을 받지 못하게 되자 곧바로 산을 내다 팔았던 것이다. '절박한 상황을 신경 쓰지 않는다'라는 건 이처럼 곤란을 미

리 내다보고 앞서 나가는 것이다. '공격은 최대의 방어'라고 하지

않는가.

14. 바보가 되어 신경 쓰지 않는다

: 어리석음을 키우다

바보가 되지 않으면 깨달음을 얻을 수 없다

종이에 커다란 원을 그려놓고 1분간 가만히 노려보자. 자, 뭔가 보이기 시작하지 않는가. 그렇다면 그것은 아무것도 보이지 않는다는 증거다. 당신이 그린 것은 그저 평범한 원이 아닌가. 터무니없는 소리를 한다고 웃어넘길지도 모르겠다. 속는 셈 치고 오늘부터 하루에 1분간 원을 노려보길 바란다.

'터무니없는 일'이란 무엇인가. 해 봤자 소용없는 일, 다른 사람에게 웃음거리가 되는 일, 아무런 이득도 되지 않는 일 등 여러 가지이지만 결국 무의미한 일이란 소리다. 그러나 이 세상에 무의미한 일이란 없다. '그런 일을 해 봤자 아무런 이득도 되지 않는다. 시시하다'고 해서 '이득이 되는' 일만 추구하는 사람은 언젠가 그 '시시한' 일로 고통받게 될 것이다. 이것은 절대 협박이 아니다.

그 옛날, 석존釋尊의 제자 중에 주리반특周利槃特이라는 우둔한 자가 있었다. 친형제를 비롯해 주위의 모든 이가 그를 바보 취급하며 가르침을 주려고 하지 않았다.

석존은 주리반특에게 '먼지를 털고, 때를 닦는다'는 법구를 외우도록 했다. 하지만 그는 그것조차 외우지 못했다. 그러자 석존은 그에게 다른 제자들의 신발을 닦게 했다. 제자들 중에는 미안하다며 거부하는 사람도 있었지만 그는 바보 취급을 받으면서도 매일매일 열심히 신발을 닦았다.

그러던 어느 날, 주리반특은 문득 '먼지를 털고, 때를 닦는다'는 법구를 생각해냈고 동시에 이것은 마음의 먼지와 때를 가리킨다는 것을 깨달았다. 이후 주리반특은 좌선삼매에 들어가 아라한과라는 높은 경지에까지 오르게 되었다.

갑자기 신통력을 갖게 된 주리반특이 얄미웠던 다른 제자들은 '좋았어, 그렇다면 망신 한번 당해봐라' 하고 주리반특이 설법을 하는 데 가서 야유를 퍼부었다. 그러자 그는 이렇게 말했다.

"나는 본디 속수무책의 바보로 그저 부처님으로부터 법구를 전수받았을 뿐입니다."

그리고 그는 청중들 속에 이렇게 무분별한 자들이 나타난 것이 자신의 능력이 부족한 탓이라고 참회했다. 그러자 재미있게도 그 무뢰한들의 혀가 꼬부라져서 말문이 막히고, 청중들은 주리반특을 다시 보게 되었다고 한다.

이 이야기는 자신의 어리석음을 알고 그것으로 일관함으로써 현명함과 어리석음이라는 가치 판정으로는 가늠할 수 없는 높은 경지에 오르게 되었음을 보여준다.

료칸 화상은 주리반특에게 감복해 본인 역시 그와 같은 삶을 살

앗다. 《벽암록碧巖錄》에서 남전 선사는 이렇게 말했다.

"무릇 수행하는 자는 천치 같아야 한다. 그렇지 않으면 깨달음을 얻을 수 없다."

선종의 수행에 뜻을 둔 사람은 모름지기 바보처럼 수행해야 한다는 의미다. '양우養愚' 즉 어리석음을 키워라, 바보가 되어라, 바보가 되지 않으면 중이 될 수 없다는 말을 들으며 나도 수행을 거듭했다.

바보가 되다

인간은 현명해지고 싶어 한다. 다른 사람들보다 똑똑하고 훌륭해지려고 한다. 그 때문에 자신 안의 '어리석음'을 눈치채지 못하고 '현명함'에만 밥을 준다. 아니, 눈치채더라도 자신의 어리석음을 부끄러워하고 화를 내며 이를 숨기기에 급급하다. 그 탓에 다른 사람의 눈을 의식하느라 본래 자신의 삶을 잃게 된다.

하지만 자신 안의 어리석음을 키우고 '우둔한' 부분에 밥을 주면 누가 보든 누가 뭐라고 하든 화가 나지 않는다. 생활도 즐거워진다. 이렇듯 '양우'란 실로 대단한 사고방식이다. 이러한 사고방식은 현대를 살아가는 모든 이에게 필요하다.

친구 중에 직원을 300명가량 거느린 중소기업의 사장이 있다. 중학교밖에 나오지 않은 억척스러운 그 친구는, 전쟁이 끝난 직후 맨몸으로 시작해 죽자 사자 일에 매달렸다. 날이 갈수록 회사가 번창해 몇 년 전부터 그는 현장을 떠나 사장직에만 전념하게 되었다.

그는 억척스러운 반면 다소 허세를 부리는 기질이 있었다. 그런 점이 있었기에 선두에 서서 세상의 거친 파도와 맞서 싸울 수 있었던 것이니 어쩌면 이는 당연한 것인지 모른다. 그런데 사장직에 전념하면서부터 점차 허세가 심해지더니 호화스러운 집을 짓고, 외제차를 사고, 주말에는 골프를 치러 다녔다. 뭐 거기까지는 괜찮다. 자기 돈을 어떻게 쓰든 그건 남이 이래라저래라 할 수 없는 일이다.

그런데 득의의 절정에 달한 그는 본인이 엄청나게 훌륭한 인물인 듯한 착각에 빠지고 말았다. 만나는 모든 사람에게 자신의 재능과 수완을 과시하고, 대기업 사장들과 어깨를 나란히 하고 정치와 경제를 논했다. 자신의 능력 하나로 그 자리까지 올랐으니 재능이 있는 것은 분명하다. 그것을 자랑하고 싶은 기분도 잘 알겠다. 하지만 그렇다고 사람 자체가 바뀌는 것은 아니다. 갑자기 정치와 경제를 논하면 언젠가 허점이 드러나게 되어 있다. 정치와 경제를 논하는 것이 나쁘다는 소리가 아니다. 허점이 드러나는 것도 당연하다. 하지만 그의 경우에는 그 허점을 숨기기에 바빴다. 아는 척을 하며 그 상황을 얼버무렸다. 허점을 드러내는 것이 창피했던 것이다.

그는 어설프게 아는 경제 이론을 으스대며 말하고, 잘하지 못하는 영어를 억지로 사용했다. 그러나 이런 연극은 금방 들통 나게 마련이다. 그러면 그때까지 '저 사람은 자수성가한 훌륭한 남자다'라며 그를 존경하고, 음으로 양으로 힘을 보태주던 사람들마저 반발심이 생기게 된다.

'뭐야, 그리 잘난 척을 하더니.'

결국 하나 둘씩 멀어져서 그의 곁에는 말을 들어줄, 어떻게든 힘이 되어주겠다고 따뜻하게 말해주는 사람이 한 명도 남지 않게 되었다. 이전에는 그를 아버지처럼 따르던 회사 직원들조차 점차 그를 '바보 같다'고 생각하게 되었다. 그 결과 직원들의 의욕도 떨어지고 순식간에 실적이 하락했다.

그러던 어느 날, 그가 나를 찾아왔다. 거들먹대던 모습은 온데간데없고 몹시 절박해 보였다. 그래서 나는 그에게 말했다.

"바보가 되어야 해. 바보가 되지 않으면 사장을 할 수 없어. 잘난척을 하고 있으면 아무도 다가오지 않아. 바보가 돼서 예전처럼 죽기 살기로 해야 해."

말은 그리했지만 그가 다시 예전처럼 남들의 시선을 신경 쓰지 않고 살 수 있을지 의문이었다. 내 말을 들은 그는 머리를 쥐어 싸고 고민만 했다. 그리고 며칠 후, 기름투성이 작업복 차림의 직원

몇 명이 새파랗게 질려 그에게 달려왔다.

"사장님, 큰일 났습니다. 모든 기계가 작동이 멈췄어요. 어떤 기술자가 와서 봐도 소용이 없습니다. 납품 기일까지 3일밖에 남지 않았는데 이대로는 일을 할 수가 없습니다."

직원의 말이 채 끝나기 전에 그는 공장으로 달려갔다. 오랫동안 동고동락한 기계에 대해서라면 자식처럼 상세히 알고 있었기에 그는 기계 밑으로 기어들어가 고장 난 기계와 밤새 씨름했다. 이 사건이 있고부터 그는 다시 태어난 것처럼 활기가 넘쳤다.

그는 더 이상 어설픈 지식을 뽐내지 않았고 작업복을 입고 현장 직원들과 세상 사는 이야기를 나누었다. 또 단독으로 일을 밀고나가는 일 없이 직원들의 의견을 듣게 되었다. 외국 거래처와 거래를 할 때면 유능한 직원을 데리고 나가 여러 조언을 구하기도 했다.

이 사건을 보며 머릿속을 스치고 지나가는 생각이 있었다. 우리 절 역시 모두 나를 보며 '바보 같은 스님이다', '미덥지 않다'고 생각해주었기 때문에 다 함께 큰 힘이 되어준 것이 아닐까.

존재로서의 바보

인간은 누구나 다른 사람에게 손가락질받거나 웃음거리가 되고 싶어 하지 않는다.

"저 사람, 좀 떨어지는 거 아니야?"

누군가 나를 시험해보려고 하면 화가 나고, 한편으로 내심 '나는 저 사람보다 머리가 좋다'고 생각한다. 온통 남의 눈과 귀를 의식하고, 무시당하지 않으려고 안간힘을 쓰고, 어깨에 힘을 주며 살고 있는 인간들뿐이다. 그러면서 속으로는 벌벌 떤다. 누군가 "별일 아니다. 그렇게 생각할 필요 없다"고 말해도 그렇게 간단히 안 된다.

나 역시 그렇다. 언제나 벌벌 떨고 있다. 그럴 때는 어떻게 해야 할까. "신경 쓰지 않는다, 신경 쓰지 않는다" 읊조리며 새침한 얼굴을 하고 있어야 할까. 당치도 않은 소리다. 그래 봤자 주뼛대고 벌벌 떠는 것은 달라지지 않는다.

방법은 오직 한 가지. '주뼛주뼛, 벌벌'의 근원인 '우둔함' 즉 남들에게 보이고 싶지 않은 부분을 드러내는 것이다. 빛을 쪼이고 영양을 주는 것이다. '우둔함'을 강한 태도로 밀고나가는 것이다. 이것은 세상과 등진 '비뚤어짐'도 허세도 아니다. 자기 안의 '활기찬 생명'을 키우는 것이다.

'약한 성격을 강하게 만들자'는 식의 억지 논리나 이론이 아니다. 말로는 설명이 안 되는 생명이다. 머릿속의 바보가 되는 것이 아니다. 존재로서의 바보가 되는 것이다.

두려움과 부끄럼을 모르는 유아도 그렇지만 존재로서의 바보는 뜨겁고 차갑고, 맛있고 맛없고, 원하고 원하지 않고, 기쁘고 슬프고 즉 살고자 하는 생명이 자유롭게 움직이며 판단한다. 사념이 아니다. 그것이 진정 존엄한 것이다. '바보가 된다'는 것은 이런 것이다.

예를 들어, 앞서 이야기한 '원'을 보고 어린아이는 "동그라미"라고 대답할 것이다. 그러나 보통 사람은 다른 여러 생각을 떠올린다. '뭔가 속임수가 있어', '동그라미라고 대답하면 비웃을지도 몰라.' 이런 망설임은 불필요한 것이며 방해물일 뿐이다. 혹시 어린 시절에 이런 경험이 있는가. 시험 기간에, 친구에게 지고 싶지는 않고 공부벌레라는 소리를 듣는 것도 싫어 결국 거짓말을 하는 것이다.

"공부 하나도 안 하고 텔레비전만 봤네."

자신을 바보로 보게끔 함으로써 상대를 방심하게 만들어 원하는 것을 빼앗는 수법이다. 그러나 이것은 '바보가 되는' 것이 아니다. 잔재주를 부리거나 술수를 써서 상대를 홀려서는 안 된다. 물론 결과적으로는 그렇게 하는 것이 좋은 대인 관계를 유지하는 방법일지 모르나 그것은 어디까지나 결과이지 목적이 아니다. 가장 중요한 건 상대와의 관계가 아니라 자신의 내면이다.

바보를 키우려는 것이 아니다. 그것은 다른 사람이 보는 겉모습일 뿐이다. 어디까지나 자신의 내면을 똑바로 바라보고 자신을 단련시키는 것이 중요하다. '부동명왕不動明王'이라는 것은 그 지역의 수호신을 뜻한다. 자신의 땅만 든든하게 있어주면 된다. 타인의 땅 같은 건 어떻게 되든 상관없다. 자신의 땅을 기름지게 하지 않고서 무슨 '신경 쓰지 않는 마음'을 얻는다는 말인가.

포대 화상은 현자인가 둔자인가

선의 깨달음을 순서대로 해설한 〈십우도十牛圖〉를 살펴보자. '어리석음'이란 무엇인지 '현명함'이란 무엇인지를 알고 하나의 실마리로 삼도록 하자. 또한 앞머리에서 이야기한 원 그림에 재미있는 선의 사고가 드러나 있음을 알 수 있을 것이다.

〈십우도〉는 중국 송나라의 곽암廓庵 선사가 남긴 것으로, 소를 선의 깨달음 즉 인간의 본심에 견주어, 목동이 잃어버린 소를 찾아 나섰다가 결국 소(마음)를 붙잡아 무심의 경지에 이른다는 줄거리다.

첫 번째 그림. 심우尋牛

목동은 소를 보지 못하고 걷기만 한다. 모든 것의 출발점이다.

두 번째 그림. 견적見跡

목동은 산속에서 소의 발자국을 발견한다.

세 번째 그림. 견우見牛

목동은 나무 그늘 밑에 있는 소의 뒷모습을 발견한다. 드디어 찾고 있던 것의 정체가 어렴풋이 보이기 시작하는 단계다.

네 번째 그림. 득우得牛

목동은 드디어 소를 붙잡는다. 잡기는 했으나 소는 난폭하게 굴며 도망치려 하고 있다. 즉 깨달음을 얻기는 했지만 아직 불안정한 단계다.

다섯 번째 그림. 목우牧牛

목동은 점차 소를 길들인다.

여섯 번째 그림. 기우귀가騎牛歸家

목동은 소를 끌고 집으로 돌아간다. 즉, 마음의 개안開眼이다.

일곱 번째 그림. 망우존인忘牛存人

목동은 소를 잊었다. 찾고 있는 동안에는 찾지 못한다. 바꿔 말하면, 소도 붙잡아 버리면 무용지물이라는 뜻이다.

여덟 번째 그림. 인우구망人牛俱忘

앞서 말한 문제의 그 '원'이다. 망설임을 버리고 깨달음을 얻은 무심無心의 경지다. 첫 번째 그림에서 일곱 번째 그림까지 갖가지 노력을 거듭한 끝에 결국 마음을 비웠으니 여기서 끝나도 괜찮았을 텐데 아홉 번째 그림, 열 번째 그림이 있다는 게 흥미롭다.

아홉 번째 그림. 반본환원返本還源

매화꽃이 피어 있다. 이 그림은 절대 무無, 즉 하나의 원을 뛰어넘어 다시 한번 현실의 세계로 돌아오라는 의미다. '무심의 경지' 혹은 '깨달음'이라는 특수한 상태에 언제까지고 머무르는 것은 진짜가 아니라는 소리다.

마지막 열 번째 그림. 입전수수入廛垂手

포대布袋 화상이 맨발로 마을에 나가 물고기를 들고 있는 남자와 이야기를 나누고 있다. 정체를 알 수 없는 깨달음이라는 상태에 머무르지 않고 자유자재로 행동한다. 그 모습은 바보의 모습이기도 하고 현자의 모습이기도 하다. 즉, 현명함과 우둔함이라는 가치관을 초월한 '바보'로서 어떤 일에도 사로잡히지 않는 것이다.

'신경 쓰지 않는 마음' 혹은 선의 마음이라는 것은 〈십우도〉처럼 꼭 단계를 밟아 획득하는 것이 아니다. 또한 이처럼 수행해야 한다는 절대 규칙도 아니다. 다만, 한 가지 확실한 것은 결과로 얻게 된 그 심경은 결코 정적인 것이 아니며 오히려 동적인 것으로, 현실 세계를 향해 정면으로 나아가는 것이라는 점이다. 그 의미로 얼핏 바보처럼 보이는 포대 화상의 모습은 모든 이들에게 크게 참고가 되고 격려도 된다.

15. 일을 신경 쓰지 않는다

: 노동을 하며 놀다

일을 하며 놀다

우리 절의 접수처에는 영어로 다음과 같이 적혀 있다.

SCRUBBING, SWEEPING, PULLING-WEED, WOOD-CHOPPING,
DAISENIN WILL WILLINGLY ACCEPT YOUR LABOR OF LOVE IF
YOU WISH TO HAVE A TASTE OF PRACTICAL ZEN.

밭일, 장작 패기, 제초 등 봉사할 마음이 있는 사람은 도와 달라
는 의미다. 'labor of love' 즉 사랑의 봉사라는 말로 권하고 있는데
희망자가 꽤 많다. 외국인 중에도 돕고 싶다고 신청하는 사람들이
있다.

옛날의 장작 패기는 오늘날의 골프와 마찬가지였던 것 같다. 옛
날에는 귀족들이 장작을 많이 팼다고 한다. 그래서인지 다들 상당
히 잘한다. 'wood-chopping'이라는 문자를 보면, 모두 장작 패는
일을 시켜달라고 하니 굉장하다. 장작을 쫙쫙 쪼개는 것은 멋있는
일인지도 모른다.

사실 장작을 패는 것은 무척 까다로운 일이다. 나이테의 눈을 쳐
야 한다. 나이테의 눈과 원의 가장자리의 거리가 가장 가까운 지점
을 자기 앞쪽으로 놓는다. 다시 말해 나이테가 촘촘히 모여 있는 쪽

을 자기 앞으로 놓는 것이다. 그렇게 놓고 나이테의 눈 부분을 쳐서 쪼개야 한다. 그러면 실로 기분 좋게 쫙 쪼개진다. 그 조각을 다시 나무가 자라나는 방향과 반대로 놓고 쪼갠다. 얇은 쪽, 즉 위를 아래로 놓고 쪼개는 것이다.

한 번에 깨끗하게 쪼개지 못하는 사람이 하면 나무의 즙 같은 것이 나와서 잘 안 된다. 도끼가 둥글게 닳기도 한다. 장작을 패는 데는 약간의 비법이 필요하다. 깨끗하게 쪼개지면 장작 패기가 즐겁고 재밌다.

장작을 정리하는 것도 그렇다. 쪼갠 나무를 줄로 한데 동여 묶을 때도 두 겹으로 겹쳐지게 해서는 안 되고 평행선이 되게 해야 한다. 또한 이중으로 하지 않으면 단단히 죄이지 않는다. 그것은 어려워서 실제로 해 봐야 알 수 있다.

이와 같이 '노동을 하며 놀다'의 '노동'이란 즐겁게 노는 것이다. 노동을 즐기는 것이 아니고 즐겁게 노는 것이 '노동'인 것이다.

미국의 히피 중에 앨리사 베이 로렐Alicia Bay Laurel이라는 사람이 《지구 위에 살다Living on the Earth》라는 책을 썼다. 히피 스타일의 생활의 지혜와 기술을 글과 그림으로 엮은 책이다. 이 책의 서문에는 다음과 같은 글귀가 쓰여 있다.

"이 책은 생활을 위해 회사의 책상 앞에 앉아 사무를 보는 것보다

산에서 나무를 베고 싶은 사람들을 위해 썼습니다."

기계문명으로부터 벗어나 자연 그대로의 삶을 살고 싶어 하는 히피는 선을 추구한다. 이것은 지금까지의 내 이야기를 생각해보면 알 수 있을 것이다. '남의 떡이 더 커 보인다'는 말처럼 자신의 노력이 남들보다 덜 보상받고 있다고 생각하기 쉬운 현대인들도 그렇지만 그보다 자신이 직접 만든 것에 만족감을 느끼며 살아가는 히피 쪽이 더욱 선에 공감하는 것은 당연한 일이다.

옛 농사꾼들도 원래는 히피와 마찬가지의 기분으로 살았다. 비록 밭에 풀 한 포기 없어도 자신이 직접 일군 땅의 결과보다 남의 땅의 결과가 더 좋다고 생각하지는 않았다. 결과물을 비교하기보다 자신의 노동으로 직접 만든 것이 진짜라고 생각한 것이다. 벌레가 먹었든 말든 자신이 일군 땅에서 생긴 것에 기쁨을 느끼며 살았다.

그런데 그것이 다른 사람에게 평가를 받을 경우에는 달라진다. '이것은 가격이 얼마다'라고 낮은 금액을 평가받으면 그제야 굴욕감이 든다. '분하다. 거기 있는 것들은 내가 열심히 만들어낸 결과이기 때문에 나쁠 리가 없다'라고 말하고 싶어진다.

옛 농사꾼들은 항상 자기중심적이었다. 그래서 좋았다. 사다리를 타고 올라가는 것을 두려워하는 소박한 공포심은 있었지만 정신적 불안이나 동요는 적었다. 그런데 현대인들은 모래 위에 누각을 쌓아울리고 있다. 그러다가 사소한 일로 와르르 무너지면 노이로제에 걸려버린다. '신경 쓰지 않는 마음'은 그런 자들에게 필요하다.

이런 문장을 쓰는 것보다, 지금 이 책을 읽는 것보다 장작 한 묶음을 만드는 편이 훨씬 즐겁고 의미 있는 일이다. 이 책 전부를 통해서 내가 말하고 싶은 것은 오직 이것뿐이다. 수영은 100번 말로 설명하는 것보다 직접 해 보는 것이 훨씬 의미 있다. 거기에는 논리가 아닌 무엇이 있다. 그것을 '노동을 하며 놀다'라고 하는 것이다.

우리 절에 찾아왔던 젊은이들이 집으로 돌아가 내게 편지를 보내오곤 한다. 그중에서도 절을 둘러보고만 간 것이 아니라 실제로 며칠간 생활했던 사람이 보내오는 편지가 기억에 오래 남는다. 젊은 사람 중에는 '절에서 생활해보고 싶다. 옛사람들의 생활을 직접 체험해보고 싶다'는 욕구가 강한 이들이 꽤 많다. 낙서를 하고 싶다든지, 경서를 읽고 싶다든지, 정원에 물을 뿌리고 싶다든지 뭐 그런 여러 가지를 직접 경험하고 싶어 한다.

내 지인 중에 어느 건설 회사의 총무 부장이 있다. 그 사람은 가끔씩 내게 찾아와 회사 일, 가정일 등 여러 이야기를 털어놓고 의견을 구한다. 그때그때 내용은 다르지만 그는 곧잘 푸념을 늘어놓으며 젊은 사람들에 대한 불신과 위화감을 드러낸다.

"요즘 젊은 사람들은 말만 번지르르하게 잘하고 스스로 몸을 움직이는 건 몹시 싫어합니다. '노고를 마다하지 않는다'는 말도 몰라요."

그의 나이는 약 50세로, 청춘을 전쟁 통에서 보내고 종전 직후에는 힘든 생활로 고초를 겪으며 살아왔다. 그리고 지금은 직업상 다양한 사람들을 관리하는 자리에 올라 있다. 그의 인생 역정을 생각해보면 장발을 사랑하고, 기타를 치고, 스포츠를 즐기는 요즘 20대 젊은이들에게 커다란 가치관의 차이를 느끼는 것도 무리는 아니다. 그러나 나는 그의 생각에 전적으로 수긍하지 않는다.

나는 젊은 사람들이 '노고를 마다하지 않는다'는 말의 의미를 모른다고 생각하지 않는다. 우리 절에서 나와 한동안 같이 생활하다가 돌아가는 젊은이들은 노고를 마다하고 마다하지 않고를 떠나 진정 '노동'을 즐겼다.

즐기면서 몰두하다

사경寫經이라는 것이 있다. 불교 경전을 베끼는 일이다. 사경에 '노고를 마다하는' 마음 같은 건 있을 수 없다. 내가 사경을 하며 생각하는 것은 아무리 여러 장을 써도 잘 써지지 않는다는 것이다. 이렇다 할 완벽한 것은 하나도 없다. 어느 부분이 잘 써지는가 하면,

또 어느 부분은 잘 안 써진다. '저 부분을 이렇게 쓸까? 붓을 이렇게 잡아볼까?'에서 시작해 종이의 모양과 글자의 위치 등 여러 가지를 고쳐서 다시 해 보지만 그래도 완벽한 것은 없다.

이것저것 시도하다 드는 생각이 '로勞'라는 말에는 위로의 의미가 담겨 있다는 것이다. '얼마나 심로心勞하셨습니까'라는 말은 '고생하셨습니다'라는 의미다. 글씨를 쓰고 있을 때는 몰두해 있어 피곤한 줄도 모른다. 오히려 이 글자를 어떻게 쓰면 좋을까 고민하는 것이 '심로心勞'의 '로勞'이다. 하지만 이런 일들이 나는 참으로 즐겁다.

'먹물의 농도가 너무 진하지 않나. 붓에 새 물을 묻히는 것이 나으려나. 이쯤에서 먹을 한번 다시 갈아야지.'

이런 식으로 다양한 방법을 고민한다. 그것이 즐겁다.

유희삼매遊戱三昧라는 말이 있다. 무엇에도 매이지 않고 즐기면서 몰두한다는 뜻이다. 생활이란 그런 것이 아닐까. 사경도 실제로 하고 있을 때는 유희삼매에 빠지게 된다. 증거로 남는 것은 시간이 흘러 있다는 것, 글씨를 쓴 종이가 남아 있다는 것 정도다. 사경을 하다 보면 자신도 모르는 새 글자 연습도 된다. 사경은 한 자, 한 자 정리하는 작업이다.

글자를 쓸 때는 모양보다 필세筆勢를 따라 쓰는 것이 제일 좋다. 필세는 붓의 움직임이다. 글자에 호흡을 불어넣는 것이다.

'여기서 숨을 멈추고, 여기서 한번 들이마시고.'

이것만 생각하면 좋은 글씨를 쓸 수 있다. 그런데 이게 참 어렵다. 한심하게도 모양만 신경 쓰게 된다. 좋은 모양으로 쓰려고 기를 쓰다 보면 좋은 글씨를 쓰지 못한다.

그렇기 때문에 가장 먼저 쓴 것이 언제나 좋은 축에 들어간다. 처음이라 아직 붓을 잡는 것도 어색하고, 먹빛이 일정하지 않은데도 좋은 축에 들어가는 이유는 거기에는 신선한 기분이 담겨 있기 때문이다. 실로 희한한 일이다. 신혼 초에 '앞으로 부부로서 잘해나갈 수 있을까.' 하고 생각하는 설렘과 같은 것이다.

그리고 가장 나중에 쓴 것이 제일 괜찮다. '1분 앉으면 1분 부처'라고 했다. 단 1초라도 제대로 앉아 있으면 그만큼의 가치가 있다는 소리인데 사경에 있어서도 마찬가지다.

'노동勞을 하며 논다'는 건, 그 순간 그 장소에서 사경이라는 것을 하며 노는 것이다. 이것이 그곳을 일구는 진짜 모습이라고 생각한다. '그때, 그곳'이 아니면 안 된다.

들이마시고 내쉬는 숨이 바로 노동

《반야심경般若心經》이라는 경전이 있다. '색즉시공 공즉시색'이라는 말로 유명한 경전이다. 여기에 나오는 '반야바라밀다般若波羅蜜多'

는 보통 '심원한 지혜의 완성'이라든지 '깨달음을 열고 전지자가 되는 것' 등으로 풀이되고 있다. 이것은 마음의 눈을 뜨고 마음의 여유를 갖게 되는 경지를 말한다. 인간은 누구든지 많은 번뇌와 갈등과 오뇌를 경험하며 자기 자신과의 싸움을 반복한다. 수없이 많은 괴로움을 참아낸다. 《반야심경》은 그러한 인생의 안내서다. 내용을 요약하면 다음과 같다.

이 세상에 존재하는 것은 모두 다섯 가지의 구성 요소로 이루어져 있으며 그 본질은 눈에 보이지 않는다. 이 세상의 다양한 현상에는 실체가 없고, 실체는 없지만 눈에 보이는 것과 보이지 않는 것과의 조화가 유지되고 있다. 감각으로도 표현으로도 의사로도 지식으로도 실체는 없다. 그리고 그것은 사라졌다가 나타나고, 더럽혀졌다가 깨끗해졌다가, 늘어났다가 줄어들었다가 하는데 반드시 '있을' 것이다. 실체는 없으므로 손으로 만지거나 눈으로 볼 수는 없다. 세상의 현상이란 모름지기 공이지만 마음의 작용에 의해 사람은 물질계와 조화를 이루는 것이다. 피로움도 얻는 것도 아는 것도 없으므로 깨달음을 얻은 사람은 그 마음을 가리는 것이 아무것도 없다. 그럼으로써 영원의 평화의 경지에 이를 수 있다. 과거, 현재, 미래에 걸쳐 깨달음을 얻은 자란 그것을 알게 된 자이며, 인간은 모름지기 깨달음의 진짜 의미를 알아야 한다. 그리고 그것을 알게 된 자는 다른 사람들도 깨달음을 얻을 수 있도록 노력해야 하며 그렇게 함으로써 전지자가 될 수 있다.

존재의 다섯 가지 구성 요소는 색色, 수受, 상想, 행行, 식識 이른바 오온五蘊이라 불리는 것으로 좀 더 알기 쉽게 설명하면 다음과 같다.

색 : 육체를 포함한 존재하는 온갖 것
수 : 감각, 감성
상 : 느낀 것을 개념으로 구성하는 작용
행 : 개념을 머릿속에서 의식하고 기억하는 것
식 : 의식과 기억이 모여서 생긴 지식

나는 《반야심경》에서 말하는 경지에 도달했다고 생각되는 사람을 만난 적이 있다. 전쟁 말기의 일이다. 당시 중학생이었던 나는 근로봉사로 근교 농가에 일손을 도우러 자주 갔다. 그때 나는 젊었던지라 괭이로 땅을 파서 밭을 일구는 일에 금세 익숙해졌다. 그러던 어느 날, 문득 옆에서 일하는 노인을 보게 되었다. 그 노인은 느긋하게 꾸준히 땅을 일구고 있었다. 천천히 똑같은 속도로 쉬지 않고 움직였다. 느릿느릿한 그 모습은 실로 즐거워 보였다.

나중에야 깨달은 것인데, 그 노인은 어떤 계산이 있었던 것이 아니다. 논리적으로 따질 것이 없으니 쓸데없이 머리를 굴릴 필요가 없다. 만일 노인에게 그가 하는 작업을 기술적으로 지도해달라고 하면 노인은 분명 설명하지 못할 것이다. 노인은 그다지 힘을 쏟지도 않고 그저 조금씩 흙을 파서 거기에 고구마 넝쿨과 풀을 넣었다. 그런데도 완성된 모양을 보면 정말이지 깔끔했다. 그 밭에서 나는 작물도 잘되었다. 그걸 보면 '나도 열심히 했는데……'라는 생각에 나 자신이 바보처럼 느껴졌다.

밭을 일구는 일은 보통 사람이 하면 땅을 전부 뒤엎어 버리느라 괭이를 못쓰게 만들기도 한다. 쓸데없는 힘만 쓰고 있으니 도중에 괭이를 수선하지 않으면 안 된다. 반면 노인은 힘의 배분이 실로 가볍게 이루어지고 있었다. 그것은 지극히 단순한 원시적인 형태였다. 건강하면 아침에 일찍 나가고 밤이 되면 들어오고, 하루를 밭과 함께 즐기는 것이다. 비가 오면 맑은 날을 기다리고, 그늘이 있으면 그늘로 옮겨 일을 하고, 바람이 불면 바람이 부는 쪽으로 가서 일을 하는 것이다. 태양과 함께, 바람과 함께 지극히 자연스럽게 일하는 것이다. 처음부터 그랬던 것은 아니라고 믿고 싶다. 하지만 그것은 '습성'이다. 말하자면 동물의 투철한 활동인 것이다.

그 노인처럼 자신의 일을 잘 이해하면서 매일같이 하는 생활 그 자체가 바로 '노동'이다. 그것이 자연의 모습이다.

나무는 나무인 채로 잘 서 있다. 시들어서 물을 주면 다시 생기가 넘친다. 그러한 활동을 하는 것이 자연이며 그것에 보조를 맞추어 사는 것이 인간에게 있어서의 '노동'이다. 옛날 가정도 없고 직장도 없던 시절, 인간은 그저 그곳에 살고 있는 동물이었다. 그리고 그것이 곧 생활이었다. 들이마시고 내쉬는 숨이 바로 '노동'이었다.

요즘 직장인들은 자신의 일을 잘 이해하지도 못하면서 이러쿵저러쿵 비판을 한다. 절대 잃어버려서는 안 되는 것은 자신의 일을 즐기는 마음이다. 일을 하는 것은 회사를 좋게 만들기 위해서가 아니며 돈을 벌기 위해서도 아니다. 질질 끌려다니며 억지로 일을 해서는 안 된다. 힘든 일도 쉬운 일도 그저 숨을 들이마시고 내뱉듯이 해야 한다.

16. 결단을 신경 쓰지 않는다

: 끊는 연습은 곧 살아가는 연습이다

너무 깊이 생각에 잠겨서는 안 된다

"얼룩말은 검은 바탕에 흰 줄무늬인가, 흰 바탕에 검은 줄무늬인가?"

"센베이 과자는 어느 쪽이 앞면이고 어느 쪽이 뒷면인가?"

"하늘에 별은 몇 개인가?"

"밑 빠진 독에 물을 부으려면 어떻게 해야 하나?"

위의 질문에 정확하게 답할 수 있는 사람이 있다면 노벨상감이 겠지만 아마 지금부터 답을 생각하면 3년이 지나도 무리일 것이다. 물론 이런 엉뚱한 질문에 답하지 못한다고 일상생활에 어떤 지장을 받는 것은 아니다. 하지만 살다 보면 그때, 그곳에서 뭔가 결단을 내리지 않으면 안 되는 경우가 자주 있다. 아니 그 결단의 연속이 바로 생활이다.

'백척간두진일보百尺竿頭進一步' 즉 '백 척이나 되는 장대 끝에 서서 한 걸음 더 나아가려면 어떻게 해야 하는가'라는 문제가《무문관無門關》이라는 책 속에 있다. 백척간두란 더는 물러날 곳이 없는 상태를 말한다. 더는 한 걸음도 나아갈 수 없는 절박한 상황에 몰린 것이다. 그런데 거기에서 한 걸음 더 나아가는 것이다. 이것은 '이렇게 나아가면 된다'고 말로 설명할 수 있는 문제가 아니다. 타인이

'나아가라'고 말할 문제도 아니다. '여기까지가 아슬아슬한 한계선이다', '아니 그렇지 않다'고 말하는 것은 논리의 세계에서나 가능하다. 현실 세계에서는 그럴 수 없다. 이 문제를 풀 수 있는 방법은 '행동'밖에 없다.

자, 하나의 찻잔이 있다고 하자. 그 찻잔을 보며 '이 찻잔은 아무개가 만든 유서 깊은 것이다', '만지면 깨지지 않을까', '자식들이 잘 보존해줄까' 따위의 생각은 하지 않는다. 그저 거기에 찻잔이 있으니 차를 달여 마실 뿐이다. '맛있다'고 말하며 차를 다 마신다. '백천간두진일보'란 이런 것이다.

나는 절에 찾아오는 손님, 강연회장의 청중 등 모든 사람이 납득할 만한 이야기를 해야 한다. 그러려면 안 그래도 나쁜 머리를 쥐어짜며 궁리를 해야 한다.

이럴 것이다 저럴 것이다 하고 세운 논리는 이 책에도 많이 드러나 있다. 참으로 이해하기 쉽고 논리적이다. 그런데 이런 식으로 세월을 보내고 있으면 정작 중요한 '꼬집으면 아픈' 나 자신의 인생을 완전히 잃고 만다. 또 이렇게 말하는 사람이 생겨난다.

"저분은 훌륭한 스님임에 틀림없지만 저분의 선은 어쩐지 글로 써놓은 것과 같이 계산적이다. 본래 선이란 저렇게 계산적이어서는 발전하지 못한다. 선은 자연의 묘미에서 성립하는 것이다. 저래서는 오히려 인간을 곤혹스럽게 만들 것이다."

또 이런 경우도 있다. 절에는 단체 손님이 많이 찾아온다. 그중에는 나의 설법을 열심히 들어주는 사람도 있지만 잘 들어주지 않는 사람도 있다. 인간은 누구나 자기 나름의 생각을 가지고 움직이므로 당연한 일이다. 타인에 의해 움직이는 것이 아니다. 자기 주변의 가까운 사람들과의 끌어당김이 있는 한, 멀리 있는 내가 끌어당겨봤자 응해주지 않는 것은 당연하다. 그래도 내가 감동을 주어서 그 마음에 상당한 동요가 생기면 점차 내 말에 흥미를 가져준다.

따라서 나는 듣는 사람의 마음을 강하게 끌어당기기 위해 다소 치사할 만큼 과장해서 이야기를 이끌어나간다. 세상천지를 가득 메울 만큼 커다란 존재로서 청중들 앞에 서는 것이 아니다. 실로 궁상맞은, 벌레가 남겨놓은 작은 술지게미 같은 작고 초라한 존재로 나 자신을 전부 내보이며 이야기를 풀어나간다. 그렇기 때문에 단체로 온 모든 이가 내 말 한마디, 한마디에 울고 웃어준다. 흥분하고 한탄도 해준다. 청소도 도와준다. 그리고 이것은 강조해서 말하지 않을 수 없는데 '아낌없이 기부금을 내준다.' 그러면 또 여기서 이런 말을 하는 사람이 생긴다.

"확실히 저 스님은 사람을 끌어당기는 힘이 있다. 저분이 움직이는 세계라면 대중들은 모두 그 행동에 참여할 것이다. 그러나 저 스님에게는 '행함'이 없다. 저래서야 스님 자신 역시 쓸쓸하지 않을까."

'저 스님의 선은 글로 써놓은 것 같이 계산적이다'라고 말하는 사람도, '저 스님에게는 행함이 없다'고 말하는 사람도 모두 나를 훌륭하게 봐주는 불평이다. 그렇기에 나에게 실로 엄청난 영향을 미친다. 그들은 나의 신자이며 나의 단골손님이다. 그들이 많은 사람을 내게로 이끈다는 점에서 생각하면 그들은 나의 경제의 백본이다. 그러나 나는 금전적으로 경제적으로 먹고살지 못하더라도 오로지 종교 하나를 가슴에 품고 똑바로 앞을 걸어나가려고 하는 대종교가다. 그들의 진실한 신앙과 열정으로 오늘날에 이를 수 있었던 것이다. 그런 내가 그들에게 그 믿음을 배신하는 듯한 인상을 주게 된다면 종교가로서의 입장이 곤란해진다. '설령 믿고 따르는 사람이 한 명도 없을지언정 남에게 비난은 받지 마라'라고 하지 않던가.

그들의 비난에 나는 눈앞이 캄캄해진다. 절벽에 선 것이다. 한 걸음도 나아갈 수 없는 상태가 된다. 그러나 다음 날이 되면 나는 또 다른 신자를 위해 있는 힘껏 설법을 할 것이다. 너무 깊이 생각에 잠겨서는 안 된다. '백척간두진일보'란 이런 것이다.

재치 있는 결단

어릴 적, 어머니는 모든 자식을 똑같이 대하려고 하셨지만 그래도 어쩔 수 없이 첩의 자식이 아닌 자기 자식을 더 귀여워하셨다. 아니 꼭 그렇다기보다 여러모로 다정하셨다. 그러한 환경 탓에 나는 어릴 적부터 '평등'과 '차별'에 대해 깊이 생각했다. 그리고 어떤 '모순'을 강하게 느꼈다.

중학생 때 '모순'이라는 제목으로 작문을 했다. 여러 속담을 예로 들며 '세상은 온통 모순투성이다'라는 취지의 글이었다. 이를테면 '사람을 보면 도둑이라고 생각해라', '옷깃만 스쳐도 인연', '군자는 위험에 가까이 가지 않는다', '호랑이 굴에 들어가지 않으면 호랑이 새끼를 구할 수 없다' 등이었다. 당시에는 몹시 건방진 말들을 썼었다.

그런데 국어 선생님이 대단한 사람이었다. 건방진 내 작문을 읽고 크게 칭찬을 했다. 그전에도 후에도 학교에서 선생님께 칭찬을 받은 적은 그때뿐이었다. 칭찬을 받고 나는 이 세상에는 '모순'이 있다는 것을 인정하게 되었다. 모순을 극복하며 살아가지 않으면 안 된다고 생각했다. '이중인격'이라는 것 역시 당연한 것으로 받아들이게 되었다. 그리고 이 떨쳐낼 수 없는 세상의 모순, 인간 안의 모순을 불법에서는 어떻게 보고 있을지 궁금증을 가지게 되었다.

어른이 된 지금도 이 문제가 무척 흥미롭다. 아직 이 문제를 완전히 극복하지도 못했다. 모순을 느끼며 번뇌하고 괴로워하고 있다.

나를 비난하는 신자의 말을 들을 때 나의 마음속은 몹시 흔들린다. 종교가로서의 나에게 모순을 느낀다. 모순은 갈등을 동반한다. 갈등은 어느 한쪽이 이기고 지는 성질의 것이 아니다.

우리 절의 정원에는 매화나무가 있다. 그 나무에 한 그루의 능소화가 휘감겨 붙어 있다. 매화나무가 가여워 떼어주려고 했지만 두 그루의 나무는 하나가 되어 살고 있다. 창과 방패도 그러하다. 인간은 창과 방패를 양손에 들고 살아가야 하는 것이 아닐까.

모순 속에서 이것저것 생각하며 괴로워하지 말고 창은 창으로 방패는 방패로 봐야 할 것이다. 선에서는 언제나 서로 모순되는 것을 가지고 있다가 그것을 끄집어내고 극복해낸다. 극복하고 나면 또다시 서로 모순되는 것을 대립시킨다. 그리고 극복해낸다. 인생은 그 반복이라는 것을 나는 알았다. 거기서부터 '결단을 두려워하지 않는' 마음이 생겨나는 것이다.

사람들은 흔히 '앞뒤 안 따지고 무턱대고 한다', '말보다 손이 먼저 나간다'고 말한다. 그건 좋은 것이다. 정말 앞뒤 안 따지고 하는 것이라면 좋은 것이다. 정말 퍽 하고 손이 먼저 나간다면 좋은 것이다. 이것은 무책임하게 행동하는 것과는 차원이 다르다. 마음의 움직임이 활발해야만 무턱대고 행동할 수 있는 것이다. 그런 걸 '재치'라고 한다. '아이가 재치 있다'고 아무렇지도 않게 말하는 바로 그 '재치' 말이다.

잇큐―休 선사가 '이 다리를 건너지 마시오'라는 팻말을 보고 다리의 한가운데를 지나갔다는 일화(일본어에서 '다리橋'의 발음과 '가장자리端'의 발음이 같다. 잇큐 선사가 다리橋를 건너지 말라는 팻말을 보고 기지를 발휘해 가장자리端가 아닌 다리의 가운데를 지나갔다는 이야기다.)는 매우 유명하다. 바로 이것이 재치다. 곰곰이 생각한 끝에 '한가운데를 지나가면 되겠다'는 아이디어를 떠올리는 것까지는 누구나 할 수 있지만 그것은 재치가 아니다. 확 건너가 버리는 것이 진짜 중요하다. 있는 힘껏 지금 여기를 살아가고 있기 때문에 자유자재로 상황을 바꿀 수 있는 것이다.

끊는 연습은 곧 살아가는 연습이다

여기까지 읽고 '나도 무턱대고 하는 일이 있다'고 말하는 사람이 있을지 모르겠다. '이것저것 망설이지 않고, 과감하게 행동하는 것.' 말은 근사하지만 이것은 여기서 말하는 '결단'이 아니다. 뭔가 부족하다.

내가 말하는 '결단'은 이런 것이다. "뭔가 문제에 부딪쳐서 해결하려고 한다 ⋯ 모순을 느낀다 ⋯ 철저하게 생각한다 ⋯ 자신을 궁지에 몰아넣는다 ⋯ '어떻게든 해결해야 한다'며 손발이 움직이기 시작한다." 바로 이것이다.

인간은 누구라도 막다른 지경에 몰리거나 급박한 상황에 처하게 되면 저절로 불가사의한 힘이 솟아난다. 급박한 화재 현장에서 발휘되는 엄청난 힘이 그러하다. 급박한 상황으로 자기 자신을 몰아넣어라. 그러나 그러려면 어떤 문제라도 정면으로 맞서고 철저하게 생각해야 한다.

원단가게의 젊은 점원은 매일같이 원단을 쫙 폈다가 둘둘 마는 일을 한다.

"이건 어떠세요?" 쫙, 둘둘.

"그럼 이건요?" 쫙, 둘둘. 쫙, 둘둘. 쫙, 둘둘.

전광석화 같은 손놀림으로 '이건 어떠세요'라고 손님을 몰아세우는 것이다. 천천히 손으로 만져보며 판단할 여유를 주지 않는다.

"이것도 저것도 갖고 싶은데 어떻게 하지. 에이, 정했다."

손님은 지갑을 열게 된다. 이런 가게는 번창할 수밖에 없다. 반면 장사가 안 되는 가게는 손님이 원단을 고를 때 점원이 무료한 얼굴로 그저 서 있기만 한다.

"이게 좋을까, 저게 좋을까…. 생각해보고 올게요."

결국 손님은 혼자 고민하다가 그냥 나가버린다.

너무 깊이 생각하지 말라고 하고 또 철저하게 생각하라고 하니 내가 모순되는 말을 하고 있다고 여길 것이다. 그 모순을 끊어낼 때 극복할 수 있다. 창이 있으면 반드시 방패가 따라온다. 모순을 막아냈을 때 또 다른 모순이 나타난다. 다시 막아낸다. 이러한 연속이 '삶'이다.

우리가 사는 세상은 1 + 1 = 2인 관념의 세계가 아니다. 과거를 끊고 미래를 끊고 지금을 살아야 한다. 의리나 인정이라는 자신의 입장을 끊고 살아가야 한다.

나는 '종교라면 이래야 한다'는 사고방식을 끊고 살아간다. 혈연관계인 부모 자식 간의 애정을 끊고 그저 한 사람의 인간으로 살아간다. 끊는 연습은 곧 살아가는 연습이다.

단명근斷命根이라는 말이 있다. 목숨을 끊고 지금을 살아간다는 의미다. 아무것도 끊어내지 못하고 무책임해서야 살아간다고 할 수 없다. 꽃꽂이란 무엇인가. 꽃의 뿌리를 잘라내고 앞으로의 장래도 잘라내고 지금 현재를 최고로 아름답게 살려놓은 것이다.

17. 물러섬을 신경 쓰지 않는다

: 가장 중요한 것은 무엇인가

왜 인간은 물러서지 않는가

산 정상까지 얼마 남지 않았는데 갑자기 날씨가 급변해 폭풍우가 몰아친다. 당신이라면 그대로 등정을 강행할 것인가 아니면 포기하고 되돌아갈 것인가.

등산 중 조난을 당했다는 기사를 볼 때마다 이러한 상황을 떠올리곤 한다. 등산의 규모가 커지고, 등정의 영광이 크면 클수록 물러서기 어려운 것이 사람 마음이다. 하지만 그로 인해 인명 피해가 발생하기도 한다. 그럼에도 물러서는 것은 어렵다. 대체 무엇이 물러서는 것을 주저하게 만드는 것일까.

18일 휴회가 끝나고 가네보 주가는 5엔이 떨어졌으나 다음 날 206엔으로 올랐다. 그때 팔아도 우시노스케는 이익이 남았을 텐데 완강한 그는 205엔에 6천 주를 더 사들였다.

다음 날 그는 입회장에서 신돈을 만났다.

"규짱, 멈춰. 당장 팔아. 너, 너무 막무가내야"

신돈은 안색을 바꾸며 충고를 했다. (중략) 이번 승부에서 실패하면 깡그리 다 잃고 적자가 나게 된다.

"지금 팔면 너의 첫 번째 손해를 메꿀 수 있어. 그러고 나서 다시 시작하면 돼."

"돈을 벌고 싶어. 손해를 메꾸는 것으로는 성에 차지 않아."

"누구든지 다 돈을 벌고 싶어 하지. 하지만 손해를 만회하는 게 먼저야. 한 번에 떼돈 벌려고 하다가 큰코다칠 거야."

시시 분로쿠獅子文六의 걸작《오방大番》의 한 장면이다. 투기의 목적은 돈을 버는 데 있다. 우시노스케는 돈을 벌려고 한다. 그리고 초조해한다. 큰돈을 벌려고 할수록 손해를 보는 것이 투기의 상식이다. 결국 그는 22만 7천 엔이나 되는 엄청난 손해를 보고 파탄을 맞게 된다. 우시노스케는 돈을 번 그 시점에 돈에 사로잡혔다. 돈을 버는 데 집착했기 때문에 시세를 보는 눈이 흐려졌고 물러설 시기를 놓치고 말았다.

쇼와 17년 6월 5일, 태평양전쟁의 명암을 갈랐던 미드웨이해전이 시작되었다. 당초의 목적은 미드웨이 섬의 미군 비행장을 급습해서 항공 병력에 결정적인 피해를 입힘과 동시에 미 해군 항공모함을 유인해 공격하는 것이었다.

미드웨이 섬 공격대는 의욕적으로 날아갔다. 군장은 토모나가友永 대위. 그런데 사전에 정보가 새어나간 것인지 미드웨이 섬에는 미군기가 한 대도 보이지 않았다. 토모나가 대위가 떨어뜨린 폭탄은 허무하게 활주로 위에서 작렬했다. 토모나가는 맥이 빠졌다. 지금은 일단 물러난다 하더라도 다시 한번 폭격을 가할 필요가 있다고 생각하고 항공모함에 무전을 쳤다.

"2차 공격을 할 필요가 있다고 판단된다."

무전을 받은 항공모함 아카기 함상에서는 총사령관 나구모 주이치南雲忠一 중장이 잠시 고민에 빠졌다. 그러나 곧 미드웨이 섬 재공격을 결심하고 어뢰 공격기로 급하강 폭격을 가했다. 결국 이것이 태평양전쟁의 승패를 결정했다.

토모나가 대위든 나구모 중장이든 물러서는 방법을 몰랐던 것이 아니다. 그들이 어떤 기분이었을지는 당사자가 되어 보지 않는 한 알 수 없다. 하지만 그들은 물러서려야 물러설 수 없었던 것이다.

일장기를 흔드는 사람들의 배웅 속에서 '용맹스럽게 이기고 돌아오겠다', '공을 세우지 않고서는 돌아오지 않겠다'고 일본을 떠나왔기에 만약 공을 세우지 않고 돌아간다면 사람들로부터 어떤 시선을 받게 될지 알 수 없었다. 전 일본인이 한마음으로 그들을 지켜보고 있었다. 물러서려야 물러설 수 없었음에 틀림없다.

무엇이 가장 중요한가

《오방》의 규짱도 그렇고, 토모나가 대위와 나구모 중장도 그렇고 평소부터 '모든 일에는 순서가 있다'는 것을 원칙으로 삼고 있었다면 어쩌면 다른 행동을 취했을지도 모른다.

'모든 일에는 순서가 있다.' 참으로 단순하고 명쾌한 원칙을 우리는 종종 잊고 산다. 만일 가장 중요한 것부터 순서를 매긴다면 등산의 경우라면 전원 무사히 하산하는 것, 규짱의 경우라면 투기꾼으로 살아가는 것, 토모나가 대위와 나구모 중장이라면 싸움에서 승리하는 것을 우선순위에 뒀어야 했다. 그러나 조난을 당하는 등산가는 등정의 영예를 가장 중요하게 여겼을 것이고, 토모나가 대위와 나구모 중장은 적군의 비행기를 부수는 것을 최우선으로 삼았을 것이다.

우리의 일상생활에는 제대로 순서를 매겨야 하는 일들이 산더미처럼 쌓여 있다. 예를 들어, 감기에 걸렸다고 치자. 회사에 갈지 말지 고민할 것이다. 하지만 자신의 건강이 있고 나서 회사도 있는 것이다. 가장 중요한 것은 자기 자신이다. 쉬어야 한다. 그것도 어정쩡하게 쉬어서는 안 된다. 확실하게 쉬어야 한다. 철저하게 쉬어서 한시라도 빨리 회복하도록 노력해야 하는 것이다.

팬티스타킹을 제조해서 급성장한 회사가 있었다. 그 회사의 제품은 날개 돋친 듯 팔려나갔다. 그런데 이 회사의 사장은 '회사란 망하지 않는 것이 제일 중요하다'는 원칙을 잊고 말았다. 때문에 물러설 시기를 놓쳐 재고를 산더미처럼 끌어안고 결국 도산했다. 회사를 유지하는 것보다 상품을 만드는 것을 우선시한 결과였다.

물러설 때는 철저하게 물러서야 한다. 삼십육계 줄행랑을 치는 것이다. 남의 시선 따위 의식하지 말고 철저하게 물러서야 한다. 있는 힘껏 물러서는 것이 중요하다.

괜히 폼을 잡거나 세상 사람들의 시선을 의식하거나 하면 오히려 뼈아픈 경험을 하게 될 것이다. 앞으로 나갈 때도 있는 힘껏, 도망을 칠 때도 있는 힘껏. 이것이 진짜다.

실적이 악화된 회사는 대체로 분식결산을 한다. 그리고 주변에서 그것을 눈치챘을 쯤에는 이미 어떻게 손쓸 방도가 없을 만큼 엉망이 되어 있는 경우가 많다. '좀 더 빨리 공표했더라면 금융 쪽이나 거래처에서 나름 도와줬을 텐데' 하고 나중에 후회해봤자 소용없다.

조금 전에 '줄행랑'을 쳐야 한다고 말했다. 물러서는 것과 단순히 도망치는 것은 크게 다르다. 물러서는 것은 삼십육계 줄행랑을 치는 것이고, 도망치는 것은 모양새를 따지고 체면을 신경 쓰는 것이다. 체면을 신경 쓰는 바람에 물러서야 할 지점을 모르고 지나치는 것이다. 물러서지 않는 것은 얼핏 용감한 것처럼 보이지만 실은 세상으로부터 비난받고, 겁쟁이라는 꼬리표가 붙을 것을 두려워한 나머지 덮어놓고 돌진하는 것에 불과하다.

내가 아는 사람 중에 신혼여행지에서 도망을 친 여자가 있다. 나는 그 용기를 높게 산다. 보통은 성대하게 식을 올리고 모두의 축복 속에 신혼여행을 떠나면 다소 문제가 생기더라도 어물어물 여행을 계속한다. 결혼식에 와준 사람들에 대한 체면치레 때문이다.

그러나 신혼여행지에서 그때까지 전혀 몰랐던 상대방의 어떤 모습을 보고 그대로는 평생 함께 할 수 없다는 것을 깨달았다면 폼을 잡고 있을 때가 아니다. 인생이 달린 문제다. 체면이든 자존심이든 모조리 집어던지고 도망치는 것이 건강한 인간이 아닐까.

울며 겨자 먹기 식으로 어물어물 결혼 생활을 계속해서 자신도 상대방도 괴로운 나날을 보낼 바에야 도망치는 편이 훨씬 낫다.

물러서야 할 때는 빨리 물러서야 한다. 이것은 상대방에게도 중요한 일이다.

최선을 다해 살아가기 위해 물러선다

반면 절대로 물러서면 안 되는 경우도 생긴다. '여기서 물러서면 나는 끝장이다'라는 절박한 상황에 서게 되는 것이다. 그때는 어떻게 해야 할 것인가. 스스로 퇴로를 끊어야 한다. 스스로 절벽 위에 서서 정면으로 맞서는 것이다.

병법에 보면 적을 포위했을 때 단 하나의 길은 남겨두라는 말이 나온다. 완전히 포위하면 궁지에 몰린 쥐처럼 변해 고양이를 물어 버리는 수가 있기 때문이다. 어차피 죽을 거라면 한번 싸워보자, 다 같이 죽어보자는 마음이 되는 것이다. 이렇게 되면 오히려 아군의 손실이 커지고 경우에 따라서는 치명적인 타격을 입을 수도 있다.

이것을 역이용해, 절대 물러서면 안 되는 상황에서는 자신을 궁지에 몰린 쥐로 만드는 것이다. 좋든 싫든 그곳에서 있는 힘껏 맞서지 않으면 안 되게끔 물러설 수 없게 된다면 그만큼 비장한 각오로 임하게 된다.

자, 여기까지 읽은 당신은 이미 한 가지 사실을 눈치챘을 것이다. 물러설 것인지 나아갈 것인지를 말하고 있지만 실은 그런 것은 없다는 것을. 중요한 것은 그때 그곳에서 있는 힘껏 임하는 자세다.

나에게 자주 놀러 오는 T군의 이야기를 하겠다. 그는 어느 제약 회사에서 5년 정도 근무하고 계장이라는 자리까지 올랐다. 그런데 무슨 영문인지 어느 날 갑자기 회사를 그만두었다. 이유를 묻자 그는 "싫증이 나서요"라고 대답했다. 나는 T군을 근성 있는 남자라고 생각하고 있었다. 그는 사내에서도 열정적으로 일하는 모습을 보여 회사의 미래를 이끌어나갈 인재로 평가받고 있었다. 그런데 너무 간단히 회사를 그만두고 나와버린 것이다.

그로부터 1년간 그는 취업을 하지 않고 마음 내키는 대로 편히 지내다가 여행사를 차렸다. 무일푼에서 시작했지만 2년이 채 지나지 않아 탄탄한 회사로 성장시켰다. 그런데 그는 그 회사를 친구에게 넘겨버렸다. 이유는 똑같았다.

"싫증이 나서요."

지금 그는 다음 일을 구상하며 실업 상태에 있다. 나는 이런 T군의 삶의 방식을 이해할 수 있다. 그는 당장 열중할 수 있는 일이 있으면 그것에 최선을 다하고, 어느 정도 자신이 설정한 목표 지점에 도달하면 이제 더는 열심히 일할 만한 가치를 찾지 못하게 되는 것이다. 그러면 열중할 수 있는 다른 대상을 찾아 떠나는 것이다.

만약 '물러섬'이라는 것이 있다고 한다면 바로 이러한 T의 삶의 방식이 아닐까. 평생 한 가지 대상에만 열중하는 사람이 있고, 열중할 새로운 대상을 끊임없이 찾아다니는 사람도 있다. 후자는 자신이 하던 일에서 더는 열중할 만한 가치가 보이지 않으면 과감히 물러선다. 최선을 다해 살아가기 위해 물러서는 것이다. 이런 식의 '물러섬'이라면 나는 대찬성이다.

후진 양성을 위해 솔선해서 은퇴하신 용기 있는 분, 나는 그분 덕에 이 자리에까지 왔다. 주지라는 책임감 있는 자리를 33세의 나에게 물려주신 스승님, 칸세 스님께 절로 고개가 숙여진다. 나도 훌륭한 후계자를 찾아 멋지게 물러서고 싶다.

18. 죽음을 신경 쓰지 않는다

: 죽는 것도 사는 것도 매한가지

나의 생을 담다

이제부터 나는 당신에게 대단히 난폭한 행동을 요구할 테니 정신 바짝 차리고 받아들이기 바란다.

"지금, 여기서 죽어봐라."

장난치는 것이 아니다. 진지하게 당신에게 다가서는 것이다. 지금, 이곳에서 죽어봐라 하고.

이 말을 듣고 칼로 배를 가르는 사람이 있을지도 모른다. 또는 바다에 몸을 던지는 사람이 있을지도 모른다. 물론 그것도 하나의 '죽음'임에는 틀림없다. 하지만 그런 짓을 하지 않아도 우리는 이미 매일매일 죽어가고 있다. 지금 이 순간에도 죽어가고 있다. 좀 더 정확히 말하면 매 순간 있는 힘을 다해 살아가고 있는 사람만이 매 순간 죽어가고 있다. 어중간하게 사는 사람은 제대로 죽지도 못하고 헤매고 있는 것이다.

내가 한 장의 그림을 그린다. 있는 힘껏 그림에 몰두한다. 내 인생 중 약간의 시간을 거기에 소비한다. 그렇게 완성한 그림에는 나의 '생生'이 담긴다. 그리고 그 그림에 담긴 '생' 만큼 나는 죽어간다. 잘 그렸든 그렇지 않든 그 그림은 내게 둘도 없이 소중하다. 미적지근한 마음으로 건성건성 그렸다면 나의 '생'이 어중간하게 담겨 나는 어중간하게 죽게 된다. 완성한 그림은 어찌하든 상관없게 된다.

내가 왜 이런 '생'과 '사'의 이야기를 꺼낸 것일까. 그것은 잃고 나서 한탄하지 않는 것이 아니라 잃은 것을 정말로 한탄하며 슬퍼할 수 있는 그런 인생을 살고 싶기 때문이다.

자식을 잃은 부모가 한탄하는 것은 당연한 일이다. 내가 만약 자식을 잃은 부모라면 어떻게 해야 할지 상상할 수도 없다. 그들에게 이렇게는 입이 찢어져도 말 못한다.

"당신의 자제는 극락에 갔으니 너무 한탄하지 마십시오."

부모에게 자식은 자신의 목숨을 담은 작품이다. 그런데 그 작품이 약하고 불안하고 불완전하다. 그러니까 부모는 자기 자식이 열심히 살아주기를 바란다. 부모는 밤에 이불을 차버리고 자는 자식에게 다가가 살짝 이불을 덮어주며 '감기 걸리지 마라. 훌륭하게 자라다오'라는 마음을 전한다.

사람들은 부모가 자식을 애지중지하는 모습을 보며 '부모 자식 간이란 참으로 좋은 것이다. 아름다운 사랑이다'라고 감탄한다. 하지만 실은 그런 것이 아니다. 부모가 자식을 팔로 꽉 껴안는 것은 자기 자식이 완전하지 않아서다. 다른 이들에게 보이면 안 되는 어떤 결함이 있지는 않은지 그것이 걱정되어 숨기려고 하는 것이다. 그러면서 '아아, 가엾은 내 새끼. 훌륭하게 자라렴' 하고 비는 것이다. 그것은 슬픈 모습이다. 슬프기 때문에 더욱 진실한 모습이다.

손수 만든 찻잔을 양손으로 부드럽게 감싸 쥐고 차를 마시는 사람을 보며 '아, 손수 만든 찻잔이라 조심히 다루는구나' 생각하겠지만 실은 찻잔이 불완전한 탓에 소중히 다루는 것이다. 그리고 그 찻잔에 자신의 생이 담겨 있기에 망가뜨리고 싶지 않은 것이다.

아이가 장에 힘이 없어서 좀처럼 대변을 보지 못하고 괴로워하면 부모는 일부러 아이를 울린다. 그렇게 배에 힘을 주게 해서 아이가 자기의 힘으로 대변을 볼 수 있게 한다. 그러나 울리고 나서는 반드시 웃게 해야 한다.

"여기 봐라, 까꿍.", "잘한다, 착하구나."

부모는 열심히 아이의 기분을 풀어주려고 애쓴다. 곁에서 보고 있으면 절로 미소가 지어지지만 부모는 필사적이다. 이 모습 역시 슬프고 아름답다. 이렇게 사랑으로 키운 자식을 잃고 한탄하지 않을 부모가 세상천지에 어디 있겠는가. 자식의 생명을 잃는 것은 곧 자신의 생명을 잃는 것이다.

'잃고 나서 한탄하지 않는' 것이 아니라 '잃고 나서 한탄하는' 것이 인간의 본래 모습이다. 하지만 우리는 잃고 나서 한탄하지 않아도 될 만한 것을 마음속에 담고 살지는 않는가. 자기 자식처럼 둘도 없이 소중한 것, 자신의 생명을 담은 것이라면 잃고 나서 한탄하는 것이 당연하지만 혹시 그렇지 않은 것에 집착하고 있지는 않은가.

중요한 것과 중요하지 않은 것

아이가 식사를 하다가 물컵을 깬다거나 혹은 칠한 지 얼마 안 된 벽에 낙서를 한다거나 깨끗이 빨아 입힌 옷을 흙투성이로 만들어놓으면 부모는 눈초리를 추켜세우며 아이를 나무란다. 물컵이 아깝고 벽이 아깝고 옷이 아깝기 때문이다.

아이가 자라면서 물컵을 깨먹거나 벽을 더럽히거나 옷을 못쓰게 만드는 것은 당연한 일이다. 그러면서 아이는 어엿한 어른으로 성장한다. 깨진 컵과 더러워진 벽과 입을 수 없게 된 옷은 아이의 생명 속으로 녹아들어 계속해서 살아간다. 말하자면 아이들이 성장하기 위해 필요한 영양분인 것이다.

부하직원의 실수로 인해 업무시간이 낭비되고 회삿돈이 새나갔다면 물론 상사로서 그것을 혼내야겠지만 정말 잃어서는 안 되는 것은 부하직원의 '의욕'이다. 회사의 시간과 돈은 부하직원이 보다 훌륭하게 성장하기 위한 영양분에 지나지 않는다. 잃어버린 돈과 시간을 아까워한 나머지 사람의 '의욕'을 꺾어버리는 바보 같은 짓을 당신은 혹시 반복하고 있지는 않은가. 이보다 더 나쁜 경우는 잃어버린 회사의 돈과 시간이 아까워서가 아니라 그로 인해 자신의 모가지가 달아날까 봐 부하직원을 혼내는 것이다.

센가이仙崖 화상의 일화 중에 이런 이야기가 있다.

어느 곳에 국화꽃을 몹시 아끼고 자식처럼 소중히 여기는 영주가 있었다. 그런데 어느 날, 심부름하는 아이가 실수로 국화꽃을 한 송이 꺾었다. 영주의 불같은 성미를 알고 있었기에 사람들은 아이가 맞아 죽을 것을 걱정했다.

때마침 센가이 화상이 그 앞을 지나다가 이야기를 듣고 계책을 세웠다. 그는 도롱이를 쓰고 국화꽃밭에 들어가 낫으로 국화를 베는 시늉을 했다. 그 말을 전해 들은 영주는 화가 머리끝까지 치밀어 그를 벌하려고 했다. 그러자 화상은 침착하게 말했다.

"그저 사람을 죽이는 꽃이 있다기에 베러 온 것뿐이오."

그토록 불같은 성미의 영주도 화상의 말에 자신의 부족한 역량을 깨닫고 국화를 꺾은 아이를 용서했다고 한다.

자신이 죽을 위기에 처할지도 모르는데 그것을 무릅쓰고 소용돌이 속으로 뛰어든 센가이 화상의 두둑한 배짱과 영주의 집착은 참으로 잘 어울리는 한 쌍이다.

이런 마음은 현대의 직장인들에게도 필요할 것이다. '이런 짓을 했다가는 잘릴지도 모른다'는 생각에 이왕이면 큰 나무 밑이 안전하다며 회사 책상만 붙잡고 늘어져서는 제대로 된 한 사람 몫을 해

널 리가 없다. 잘려 봤자 본전치기고, 사람은 저마다 제 밥그릇은 타고난다고 했다. '이까짓 회사, 내가 먼저 때려치우마' 하는 정도의 배짱은 있어야 한다.

사소한 일에 집착하고 그런 하찮은 것들을 잃어버렸다고 한탄하는 것은 그때 그곳에서 최선을 다해 살아가고 있지 않다는 증거다. 센가이 화상처럼 그때 그곳을 있는 힘껏 사는 사람은 자신의 생명조차 집착하지 않는다. 최선을 다했기에 그 순간 완전하게 죽을 수 있다. 그런 사람에게 '육체적 죽음'은 일상과 다를 바 없다.

그 점에 있어서는 나 역시 수행이 멀었다고 생각하기에 언제나 자신을 채찍질하고 있다. 적어도 나 자신이 만들어낸 생활을 잃게 되었을 때 크게 한탄하고 슬퍼할 수 있도록 있는 힘껏 살아야겠다.

최선을 다해 살아야겠다

선 수행이란, 매일 죽기 위한 수행이다. 그렇기에 훌륭한 선승은 언제 죽어도 상관없도록 단단히 각오를 하며 살아간다. 정월이 되면 유게遺偈(입적을 앞둔 고승이 자신이 얻은 깨달음을 전하는 글)를 쓰는 것도 그런 의미에서다. 유게란, 말하자면 유서다. 보통 유서라 하면 임종이 가까워진 사람이 남기는 것인데 선승들은 적어도 일 년에 한 번 유서를 쓴다. 그러니까 한 명의 선승이 여러 개의 유서를 남기는 셈이다. 이것은 죽기 위한 유서가 아니고 다음 순간부터 더욱 열심히 살아가기 위한 유서다.

지금 유서를 써보는 것이 어떠한가. 죽을 작정으로 쓰는 것이다. 지금, 당신의 뒤에, 칼을 머리 위로 높이 치켜든 자가 있다고 생각해도 좋다. 그런 심정으로 써보는 것이다.

수년 전, 지인들을 불러모아 유서를 쓰게 한 적이 있다. 다들 처음에는 재미 반으로 시작했지만 점차 진심이 되어 어느 중년 부부는 원고지 수십 장에 이르는 역작을 저술했다.

누구에게도 보여주지 않겠다는 약속을 한 후 읽어내려 갔는데 읽고 나서 느낀 점은 모든 유서가 매우 비슷하다는 점이었다. 모두 처음에는 비교적 냉정한 태도로 죽음에 임하는 각오를 쓰기 시작했다. 거기서 끝내는 사람도 있었다. 그러나 그건 아무래도 가식적인 느낌이 들었다. 왜냐하면 보기 좋은 말만 늘어놓았기 때문이다. 진심이 아니라는 증거다.

대부분의 사람은 처음에는 침착하게 죽음을 맞이하려고 하지만 점차 흐트러지고 그러다가 결국 진심을 토해내기 시작했다. 어느 사장은 유서에서 회사의 운명을 걱정하며 '차기 사장은 ○○가 좋겠다', '△△와의 거래는 그만두어라' 등 자신이 죽은 후의 일을 이래라저래라 지시했다. 또, 어느 국회의원은 라이벌 의원의 무능함을 폭로하며 총리대신의 자리에 대한 욕심을 넌지시 드러내는 한편, 정부로 생각되는 여성과의 이별에 대한 고통을 끝도 없이 써내려갔다. 그리고 조금 전에 이야기한 중년 부인은 자신의 인생이 얼마나 고달팠는지, 얼마나 인내를 강요받으며 살아왔는지, 얼마나 괴로움에 몸부림치며 살아왔는지 구구절절 적었고, 마지막에는 자식들이 모두 일류 대학을 나와 출세하기를 바라는 마음을 비쳤다.

모두 많든 적든 주변 사람에 대한 불평과 불만, 원망과 괴로움, 세상에 대한 미련과 집착을 적었다. 읽으면서 나는 이것이 번뇌구족煩惱具足(마음을 어지럽히고 괴롭게 하는 욕망을 지니고 있음)이라고는 절대 생각하지 않았다. 오히려 '모두 나름대로 고생하며 살고 있구나' 하고 순수한 마음으로 동정했다. 불평과 불만, 원망과 괴로움, 이것이 곧 인생이라는 것을 다시 한번 느꼈다.

이와 관련해 생각한 것이 소설가 가와바타 야스나리의 죽음이다. 그는 유서 한 장 남기지 않고 마치 산책하러 가듯 훌쩍 세상을 떠났다. 그 죽음을 보며 가와바타에게 있어 그것은 생과 사의 문제가 아니었을 거라고 생각했다. 가와바타는 하나하나의 작품을 쓰는 중에 죽어가고 있었음에 분명하다. 그만큼 괴로움에 몸부림치며 치열하게 살아간 것이다. 그런 이에게 죽음은 아마 산책 같은 것이리라.

가와바타도 그렇고 소설가 미시마 유키오도 그렇고 그들이 자살한 것을 비난하는 사람들도 있다. 그러나 나는 비난할 생각이 전혀 없다. 다만, 나도 그들처럼 최선을 다해 살아야겠다는 각오를 새롭게 다질 뿐이다. 마지막으로 다이토大燈 국사가 지은 유게를 싣는 것으로 이 장을 마무리하겠다.

제군이여, 그대들이 이 도량에 모인 것은 불도를 위해서다. 의식을 위함이 아니다. 주어진 음식만 먹고 주어진 옷만 입고 그저 밤낮으로 불도의 수행에 전념하라. 세월은 화살과 같이 지나간다. 삼가 쓸데없는 것을 마음에 담아두지 마라.

내가 죽은 후, 이 절이 번성해 불각과 경문이 금과 은으로 아로새겨지고, 많은 수행자가 모여 열심히 경을 읽고, 좌선을 행하고, 계율을 지킨다 해도 부처와 조사들이 전하지 않은 훌륭한 진실을 가슴속에 새겨넣지 않는다면 인과를 부정하고 정신이 함락되어 악마의 종족이 되리니. 나의 자손이라 칭하는 것을 용서치 않으리라. 비록 폐가에 머물며, 변변치 않은 음식으로 하루하루를 살아도 자기 규명에 전념하는 자는 나와 매일매일 얼굴을 마주하는 것이며, 불도에 보답하는 사람이 되는 것이다. 소홀히 하지 말지어다. 면전면전.

19. 목적을 신경 쓰지 않는다

: 게으름을 지루해하지 않는다

뭔가를 하지 않으면 불안해지는 병

'앞으로 일 년간, 먹고 자고 대소변을 보는 것 외에 어떤 일도 해서는 안 된다'는 명령을 받았다고 치자. 회사 상사로부터여도 좋다. 혹은 관공서의 명령이어도 좋다. 아등바등 일하는 데 지쳐 있는 당신이다. 아마 생각지도 못한 행운을 덥석 붙잡을 것이 분명하다.

"좋았어, 이제 푹 쉴 수 있겠어."

처음 일주일은 그야말로 하는 일 없이 빈둥대며 보낼 것이다. 그러다 둘째 주부터는 지루해지기 시작할 것이다. 그런 상태로 한 달이 지나면 초조해질 것이다. 그리고 일 년 후 당신은 아마 미쳐 있을 것이다.

이렇게 말하는 사람이 있을지 모르겠다.

"그거야 당연하다. 인간은 본능적으로 뭔가를 위해서 일하고 싶어 하는 동물이다. 아무것도 하지 말라고 하면 인간이기를 포기하라는 것과 마찬가지다. 미치는 게 당연하다."

혹은 이렇게 말하는 사람도 있을 것이다.

"나는 보람 있는 일을 하고 싶고, 실적을 올려 출세도 하고 싶다. 그 가능성을 빼앗긴다면 틀림없이 노이로제에 걸릴 것이다."

그러나 이런 생각이 자신을 못쓰게 한다는 걸 의외로 눈치채지 못하고 있다. 이런 생각은 당연한 것이 아니라 인간이 멋대로 꾸며

낸 망상에 불과하다. 망상에 사로잡혀 취직을 위해 좋은 학교에 들어가고 싶어 하고 그것을 위해 공부벌레가 되는 것을 정당화한다. 혹은 인간미를 어디에 두고 온 것 같은 맹렬 사원이 되어 결국 공해를 배출하는 처지로 전락한다.

인간의 마음에 자리 잡고 사는 망상의 종류는 실로 다양하다. 그중 현대인의 마음을 가장 해치고 있는 것은 '뭔가를 위해 뭔가를 하지 않으면 불안하다'는 망상이 아닐까.

그래서 생각난 것이 파브르의 《곤충기》다. 파브르는 온종일 땅바닥에 주저앉아 개미가 개미집에서 나왔다 들어갔다 하는 모습을 바라보고 있었다. 때문에 마을 사람들로부터 미치광이 취급을 받았다.

간혹 호기심이 강한 사람은 그에게 물었다.

"이봐, 파브르. 대체 무엇 때문에 개미를 보고 있는 거지?"

그럼 파브르는 그저 이렇게 대답할 뿐이었다.

"재미있으니까."

아마도 파브르는 선에서 말하는 '삼매'의 경지에 있었던 것 같다. 뭔가 목적을 가지고 개미를 보고 있던 것이 아니다. 먼 훗날 《곤충기》를 저술해서 돈을 왕창 벌려는 마음 같은 건 전혀 없었을 거다.

오직 눈앞에 보이는 광경이 재미있어서 정신없이 개미의 일거수일투족을 지켜본 것이다.

　그런데 예나 지금이나 온종일 개미와 눈싸움을 하고 있는 사람은 괴짜, 미치광이, 게으름뱅이, 바보 등의 꼬리표가 붙거나 정신병리학의 관찰 대상이 된다는 사실에는 변함이 없다. 하지만 작가인 가이코 다케시는 이러한 '게으름뱅이'를 니글렉티드 댄디, 즉 게으르고 쿨한 스타일이라고 불렀는데 이것은 그야말로 댄디.

　이 점에 대해 달마대사의 일화를 소개하겠다.

　달마대사가 양나라에 초대받았을 때의 일이다. 양 무제는 도교를 배척하고 불교에 대한 신앙이 두터웠다. 절을 짓거나 불교 명승을 초대해 후하게 대접하고, 자신도 법의를 걸치고 경전을 강의할 만큼 열정적이었다. 그러한 성행으로 무제는 명군으로 칭송받았다. 그리고 이 때문에 도교를 믿는 사람들로부터 목숨을 위협받기도 했다.

　무제가 달마대사를 만났을 때 자신의 평소 선행을 늘어놓으며 물었다.

　"이 정도의 일을 한 공덕은 어떤 것입니까."

　물론 '대단한 공덕입니다'라는 대답을 기대하고 있었을 것이다.

그런데 달마대사로부터 의외의 대답이 돌아왔다.

"무공덕이오."

이것은 '보수를 바라고 무언가를 행하는 것'을 한마디로 부정한 것이다. 즉, 좋은 결과를 바라고 좋은 일을 행한 것이지 그것이 절대적인 선이라고 말하기는 어렵다는 것이다. 따라서 공덕이 있다고 말하기 어려운 것이다.

여가에 쫓기다

불교에는 '백행百行'이라는 말이 있다. 이것은 '이러저러한 것을 생각해 내가 이렇게 저렇게 했다'며 그 행동에 대한 보수를 바라거나 결과를 기대하는 그 '이렇게 저렇게 했다'는 행동을 뜻한다.

'인간이란 본능적으로 무언가를 위해 일하기 원하는 동물이다'라고 태어날 때부터 주입된 가짜 대전제와, '출세하고 싶다'는 목적의식에 조종당하는 '무엇인가 해야만 한다'는 의식이 지금 문제가 되고 있는 워커홀릭, 즉 지나치게 일하는 일중독 현상을 낳고 있다.

미국 유수의 광고 회사 중역이 아내에게 엽총으로 살해당한 사건이 있었다. 그는 오로지 일에 전념해 집에도 거의 들어가지 않고 회사에 살다시피 하며 온 힘을 기울였다. 그 결과 아내로부터 총탄 선물을 받은 것이다. 대체 무얼 위해 일해온 것인지 알 수 없게 되었다. 그는 아마 총에 맞은 직후까지 자신이 왜 그리되었는지 몰랐을 것이다. 이것이 바로 중독증이라고 불리는 이유다.

일본에 40대의 우울증이 만연해 있다는 통계를 본 적이 있다. 정신병원에 가볼 것까지도 없이 한 예능 프로덕션 매니저가 자살했다는 기사를 보고 충분히 워커홀릭의 실태를 알 수 있었다. '나는 왜 이렇게 열심히 일하는 걸까'라는 유서를 남기고 그는 자살했다. 만약 당신이 40대라면 이 말이 가슴에 사무칠 것이다.

일을 한다. 그것도 무얼 위해서인지 모르겠지만 어쨌거나 뭔가를 위해 일하도록 길들여진 사람에게는 지금보다 시간적으로 두 배의 휴일이 주어져봤자 무의미하다. 왜냐하면 그들은 '쉬어야 한다'는 생각으로 그 이틀을 보낼 것이기 때문이다. 여가를 즐기는 것이 아니라 '여가는 즐기지 않으면 안 되는 것'이 되어버리는 것이다.

여가라는 단어를 사전으로 찾아봤더니 '생계를 꾸리기 위한 제반 활동으로부터의 자유'라고 쓰여 있다. 그런데 우리는 '그러니까 여가를 즐기지 않으면 안 된다'는 필사적인 마음으로 차를 타고 자연을 뒤쫓거나 일과 관계없는 스포츠에 열광하려고 한다. '일과는 관계가 없으니 이것을 하겠다'는 식의 풍조가 생겨난 것이다. 그렇게 여가를 즐기는 데 열중하면서 인간은 '경제적 동물'인 동시에 '여가적 동물'이 되어간다.

하지만 과연 이렇게 탐욕스러울 정도로 열중하고 있는 여가가 참된 쉼이 될 수 있을까. 분명 여가는 일이 아니지만 '해야만 한다'는 점에 있어서는 일과 공통점을 지니고 있다. 그러니까 진정한 의미에서의 정신적 쉼은 될 수 없는 셈이다.

내가 여기서 '게으름을 지루해하지 않는다'라고 한 것은 바로 이 점을 지적하고 싶어서다. 일과 마찬가지로 정신을 쉬지 못하게 만든다면 그것이 아무리 여가라 해도 결과적으로는 일과 똑같은 것이 되는 게 아닌가.

아예 다른 세계에 발을 들이는 것은 어떨까. 그것이 바로 '게으름에 지루해하지 않는다'이다. 그렇다고 게을러지라는 것이 아니다. 아무것도 하지 않는 상태를 만들라는 소리다. '아무것도 하지 않는다'는 '…를 위해서 행동한다'가 아니라 단지 '…를 한다'라는 목적 없는 자유분방한 건강한 상태를 말하는 것으로, 육체도 정신도 전부 내려놓는 것이다.

머릿속을 비우다

인간이 게으름을 지루해하는 것은 머릿속이 병들었기 때문이다.

육체라는 것은 항상 건강해지려고 하고 있다. 적혈구도 백혈구도 신경도 뼈도 근육도 나쁜 것이 있으면 고치고 건강해지려고 애쓰고 있다. 그런데 머리가 쓸데없는 것을 생각한다. 억지로 쑤셔넣은 지식으로 모든 것을 꿰맞추려고 한다. 그것은 건강을 방해하는 요인이 된다.

예를 들어, 오후에 열심히 일한 사람은 밤에는 모든 것을 내팽개치고 푹 잔다. 몸이 피로를 풀기 위해 그렇게 만드는 것이다. 그런데 머릿속이 병들면 밤에 잠이 오지 않는다.

'나는 회사에서 어떤 평가를 받고 있을까. 요즘 동료 누구누구는 평가가 좋던데 상사에게 잘 보인 걸까'

'아무래도 남편이 수상하다. 밖에 만나는 여자가 있는 게 아닐까. 그저 일밖에 모르고 매일 밤늦게 들어오는데 사실 그건 핑계일지도 몰라. 옆집 남편은 7시에 잘만 들어와서 아이들 목욕도 시킨다던데. 아, 분하다. 왜 내 남편은 좀 더 가정적이지 못한 걸까….'

이렇게 머리가 잠들지 못한다. 모처럼의 휴식이 지옥의 괴로움을 맛보는 시간이 된다. 모처럼의 일요일이 회사에 있는 것보다 괴로워진다. 건강해지려고 하는 몸의 의지를 거스르고 점점 건강이 나빠진다.

나는 인간에게 도움이 되는 것과 그렇지 못한 것의 구별을 매우 중요하게 생각하고 있다. 남들이 보기에는 매우 시시한 일도 누군가에게는 살아가는 데 없어서는 안 될 중요한 것인 경우가 많다.

낚시를 매우 좋아하는 남자가 있었다. 그는 허름한 연립주택에 살았지만 낚시 도구만큼은 최상품으로 갖추고 틈나는 대로 바다로 강으로 낚시를 하러 갔다. 그러던 어느 날, 보다 못한 아내가 말했다.

"여보, 아무리 낚시에 미쳤다지만 이제는 제발 그만하세요. 낚시 도구에 그렇게 돈을 쓰니까 집세도 제대로 못 내는 거예요. 낚시할 여유가 있으면 조금이라도 돈을 더 벌어올 궁리나 하세요."

남자는 아내의 잔소리가 심해지자 점차 낚시를 가지 않게 되었고 이윽고 낚싯대조차 잡지 않게 되었다. 그가 자주 병에 걸리기 시작한 것은 그쯤부터였다. 처음에는 맹장염에 걸렸고 수술이 끝난 지 얼마 되지 않아 위가 안 좋아졌다. 이어서 담석이 생겼다. 그전까지 병치레 한 번 없던 사람이 연달아 병에 걸린 것이다. 맹장염에 위궤양에 담석 수술까지 하는 바람에 그는 배에 십자가 모양의 흉터가 남았다.

그제야 그도 가족들도 알게 되었다. 가정경제에 눈곱만큼도 도움이 되지 않는다고 여긴 낚시라는 무의미한 일이 이제껏 그의 건강을 지키고, 어쨌거나 일가의 생활을 책임질 수 있었던 원동력이었음을. 그는 다시 낚시를 하러 다니게 되었고 그 뒤로는 병다운 병에 걸리는 일이 없다고 한다.

나는 매일 눈코 뜰 새 없이 바쁘게 일하고 있다. 연일 절을 잇달아 찾아오는 500여 명의 손님을 안내하고, 큰 소리로 설법을 한다. 저녁때가 되면 목이 쉬어버린다. 또, 밤이 되도 쉬지 않고 색지에 글자를 쓴다. 그것만으로도 대부분의 시간을 빼앗기는데 틈틈이 원고를 부탁하러 오는 이들이 있고, 가정 내의 다툼을 상담하러 오는 신자들이 있다.

하지만 그렇게 숨 돌릴 틈 없는 생활에서, 가끔 짧은 시간이 빈다. 잊고 지낸 사계절의 변화가 한꺼번에 밀려올 때다. 그때만큼 기쁜 순간도 없다.

'아아, 벌써 백일홍이 졌구나.'

'쓰르라미 울음소리가 들려온다. 그렇구나. 여름이 다 끝났구나.'

나는 그 순간, 일에 대한 모든 것을 잊고 그저 자연의 품에 안기듯 우두커니 서 있는다. 그것이 나를 신선하게 만들고, 다시 다음 순간부터 찾아올 새로운 생활에 대한 에너지를 채워준다.

20. 신경 쓰지 않는다

: 무엇이 마음을 움직이고 있는가

움직인 것은 깃발도 바람도 아니다

《무문관無門關》에는 〈비풍비번非風非幡〉이라는 다음의 에피소드가
실려 있다.

어느 날, 바람에 깃발이 나부끼는 것을 보고 두 스님이 격한 논쟁
을 벌였다. 한 사람은 '깃발이 움직였다'고 하고, 한 사람은 '바람이
움직였다'고 했다. 두 사람은 한 치의 물러섬도 없이 입에 거품을
물어가며 끝없는 논쟁을 이어나갔다. 때마침 지나가던 혜능慧能 선
사가 그들의 대화를 가만 듣고 있다가 넌지시 말하고 자리를 떴다.

"바람이 움직인 것도 깃발이 움직인 것도 아니다. 그대들의 마음
이 움직인 것이다."

두 스님은 입을 꾹 다물고 말았다. 혜능 선사는 움직인 것이 깃발
인지 바람인지를 따지는 것이, 지금 이 순간 그대가 최선을 다해 사
는 것과 무슨 상관이 있는지 지적한 것이다. 쓸데없는 데 마음이 흔
들리고 사로잡혀 있음을 꼬집는다.

이 이야기는 '신경 쓰지 않는다'는 게 무엇인지를 말하고 있다. 우
리의 일상에는 위와 같은 일이 흔하다. 논쟁을 위한 논쟁, 잡념을
부르는 잡념에 애를 먹곤 한다.

예를 들어 일을 하다가 실수를 하거나 갑작스런 위기가 닥치면

인간은 누구나 동요하게 된다. 동요하지 않으면 인간이 아니다. '큰일 났다', '야단났네' 하는 생각이 머릿속이 가득 차 일이 손에 잡히지 않는다. 실수를 해도 위기에 처해도 큰일 났다고 생각하지 않는 것이 '신경 쓰지 않는다'는 아니다. 중요한 것은 그다음이다.

일을 하다가 실수를 했을 때는 '어떻게 해야 손해를 최소한으로 줄이고 다시 만회할 수 있을지'가 가장 중요한 문제다. 그리고 '그와 같은 실수를 다시 되풀이하지 않기 위해 무엇을 해야 하는지'를 명확히 해야 한다.

하지만 마음은 그렇게 움직이지 않는다. 화를 참고 있는 상사의 얼굴이 가장 먼저 떠오르고 변명을 생각하게 된다. 이 일로 동료인 아무개와 차이가 나게 되는 것은 아닐까 하는 생각에 초조해진다. 모두에게 경멸당하고 아내에게 비웃음을 사는 건 아닌지 머릿속이 복잡해진다.

스포츠의 경우도 마찬가지다. '이대로 가면 우승할 수 없다', '믿었던 영광의 자리에서 멀어진다'는 생각을 결과가 나오기도 전에 미리 하는 바람에 본래의 움직임과 폼을 잃고 그것이 더 큰 위기를 부른다.

나는 사실 매우 내성적인 사람이다. 어린아이 이상으로 부끄럼쟁이라 낯을 많이 가린다. 우리 절에서는 그리 긴장하지 않지만 강연을 부탁받아 다른 곳에 가게 되면 몹시 불안해한다. '신경 쓰지 않는다' 같은 걸 말할 처지가 못 된다.

하지만 부끄럽다고 틀어박혀 있어서는 절의 주지 일을 해낼 수 없다. 그렇다고 도망갈 수도 없기에 나는 최선을 다한다. 이렇게 된 이상 남들 시선 따위 의식하지 말고 내 생각과 믿음을 있는 힘껏 이야기해야지 하고 각오를 다지는 것이다.

사람들에게 감동을 줘야지, 멋있게 행동해야지, 스님이니까 스님다운 이야기를 해야지 하는 생각은 눈곱만큼도 하지 않는다. 강연을 하다 보면 나도 모르게 이야기가 딴 길로 새서 부탁받은 주제와 동떨어진 채 끝나는 일도 있지만, 그것조차 알아차리지 못할 만큼 전념한다. 좋고 나쁘고를 떠나 나는 그렇게밖에 안 되는 사람이다.

신경 쓰지 않는다

'전념한다.' 나는 이것이 나의 '신경 쓰지 않는다'라고 생각한다. 그래서 생각난 것이 장기의 명인 나카하라 마코토다. 직접 그와 만난 일은 없지만 나카하라식 '신경 쓰지 않는다'는 어쩌면 내가 궁지에 몰려 체득한 그것과 비슷하지 않을까 생각한다.

약관 25세의 나카하라 8단은 역사상 최강의 기사라고 칭송 받던

오오야마 야스하루 앞에서 조금도 기가 죽지 않고 싸웠다. 세인들
은 그를 이렇게 평가했다.

'몇 번 위기가 있었지만 조금도 흔들리지 않고 강적을 이겼다.'

젊은 나이와 어울리지 않는 냉정함이 사람들을 경악시킨 것이다.
그러나 나는 '조금도 흔들리지 않고'라는 표현은 잘못되었다고 생
각한다. 조금도 기가 죽지 않은 건 아니었을 것이다. 불세출의 위대
한 상대와 마주했을 때 기가 죽는 것은 인간으로서 당연한 일이다.
위기에 빠져서 '이건 안 되겠다'고 동요하는 것이 진짜다.

하지만 그때 나카하라 8단은 어떻게 하면 이 국면을 타개할 수
있을 것인가, 어느 말을 어떻게 움직이는 것이 최선일까 하는 생각
외에는 아무런 잡념이 없었음에 틀림없다. 다음 수를 어떻게 둘까
하는 생각만이 장기판을 응시하는 나카하라 8단의 온몸을 지배했
을 것이다. 그때부터는 이제 오오야마 명인도 없고 '최연소 명인 획
득'이라는 세상의 평판도 없는 것이다.

이렇게 나카하라 8단은 자신의 모든 것을 한 수, 한 수에 모았다.
있는 힘껏 한 수, 한 수에 최선을 다했다. 나는 장기는 잘 모르지만
그때 나카하라 8단은 정석이 있다는 것조차 잊고 있었을지 모른다.
그것에조차 사로잡히지 않고 최선의 수를 두었던 것이다. 그리고
결과적으로 오오야마 명인의 의표를 찌르는 결과를 빚었다.

나는 승려로서 정석에서 벗어나 있는지 모른다. 하지만 지금 여기에서 최선을 다한 결과로 이 정도면 되지 않았나 싶다. '이렇게 해야 한다', '이렇게 하지 않으면 안 된다'는 규칙 같은 건 지금 여기에서 최선을 다하고 있는 사람에게는 아무런 의미가 없다. 나는 이것에 대해 언젠가 나카하라 명인과 한번 이야기를 나누고 싶다.

물론 바둑과 장기에서 정석은 중요하다. 정석을 모르면 둘 수 없다. 일상생활에서도 관례와 규칙, 일의 순서, 시스템이 있고 그것을 지키는 것은 중요하다. 아버지와 어머니를 소중히 하고, 아랫사람을 아끼고, 선배가 갈고닦은 길을 존중하는 것은 자신이 살아가는 데 없어서는 안 될 것들이다. 하지만 지금 여기에서 최선을 다하며 있는 힘껏 살아가는 사람은 그 무엇에도 얽매이지 않는다. 그것이 '신경 쓰지 않는다'이다.

재떨이를 그저 재떨이로만 보는 것은 '신경 쓰지 않는다'가 아니다. 그것은 이미 타인이 만들어놓은 틀 안에서만 재떨이와 마주하는 것에 불과하다. '신경 쓰지 않는다'란 '재떨이에 꽃을 놓으면 얼마나 아름다울까' 하는 생각이 들면 주저 없이 그것을 실천에 옮기는 것이다. '재떨이로 차를 마시면 얼마나 맛있을까' 하는 생각이 들면 그것 역시 그대로 실천에 옮기는 것이다. 이렇듯 어린아이와 같은 천진난만함이 바로 '신경 쓰지 않는다'이다.

길바닥에 낡은 철사 한 줄이 떨어져 있다고 하자. 어른은 그것을 그저 철사나 쓰레기로밖에 보지 않는다. 그런데 아이들은 그것을 주워서 여러 놀이에 사용한다. 구부려서 소꿉놀이를 할 때 열쇠로 만들기도 하고, 목에 감아서 목걸이 대신으로 사용하기도 한다. 지금 여기에서 있는 힘껏 낡은 철사와 노는 것이다.

"더러우니까 줍지 마."

"거지 같아, 꼴 보기 싫어."

이렇게 말하는 어른은 마치 낡은 철사에 마음이 움직이지 않는 것처럼 보인다. 하지만 그것은 그저 철사에 얽매인 것이다.

눈을 반짝이며 철사를 줍는 아이는 철사에 얽매인 게 아니라 자신의 '놀이'라는 생활로 가득가득 차 있는 것이다. 나는 그것을 여기서 '신경 쓰지 않는다'로 말하려고 한다.

'신경 쓰지 않는다'라는 어떤 것에도 마음이 흔들리지 않는 것이 아니다. 기쁠 때는 하늘 끝까지 날아오르는 기분이 되고, 슬플 때는 온몸으로 처절하게 슬퍼하는 것, 지금 여기에서 가득가득하게 사는 것, 그것이 '신경 쓰지 않는다'이다.

자, 지금 이 순간부터 '신경 쓰지 않는' 마음으로 살아가지 않겠는가. 오늘도 가득하게, 가득해져서 살아가자.

옮긴이 **김지연**

1978년 서울 출생. 인하대학교를 졸업하고, 시사일본어학원에서 일본어 강의를 하고 있다. 일본어에 대한 흥미가 일본 문화, 일본 서적에까지 미치게 되어 현재 전문 번역가의 길을 걷고 있다.

신 경 쓰 지 않 는 다

1판 1쇄 인쇄   2017년 7월 6일
1판 1쇄 발행   2017년 7월 12일

지은이   오제키 소엔
옮긴이   김지연
펴낸이   한익수
펴낸곳   도서출판 큰나무
등록   1993년 11월 30일 (제5-396호)
주소   (10424) 경기도 고양시 일산동구 호수로 430번길 13-4
전화   031-903-1845
팩스   031-903-1854
이메일   btreepub@naver.com
블로그   blog.naver.com/btreepub

값 13,500원
ISBN 978-89-7891-310-2 03190

잘못 만들어진 책은 구입하신 서점에서 교환하여 드립니다